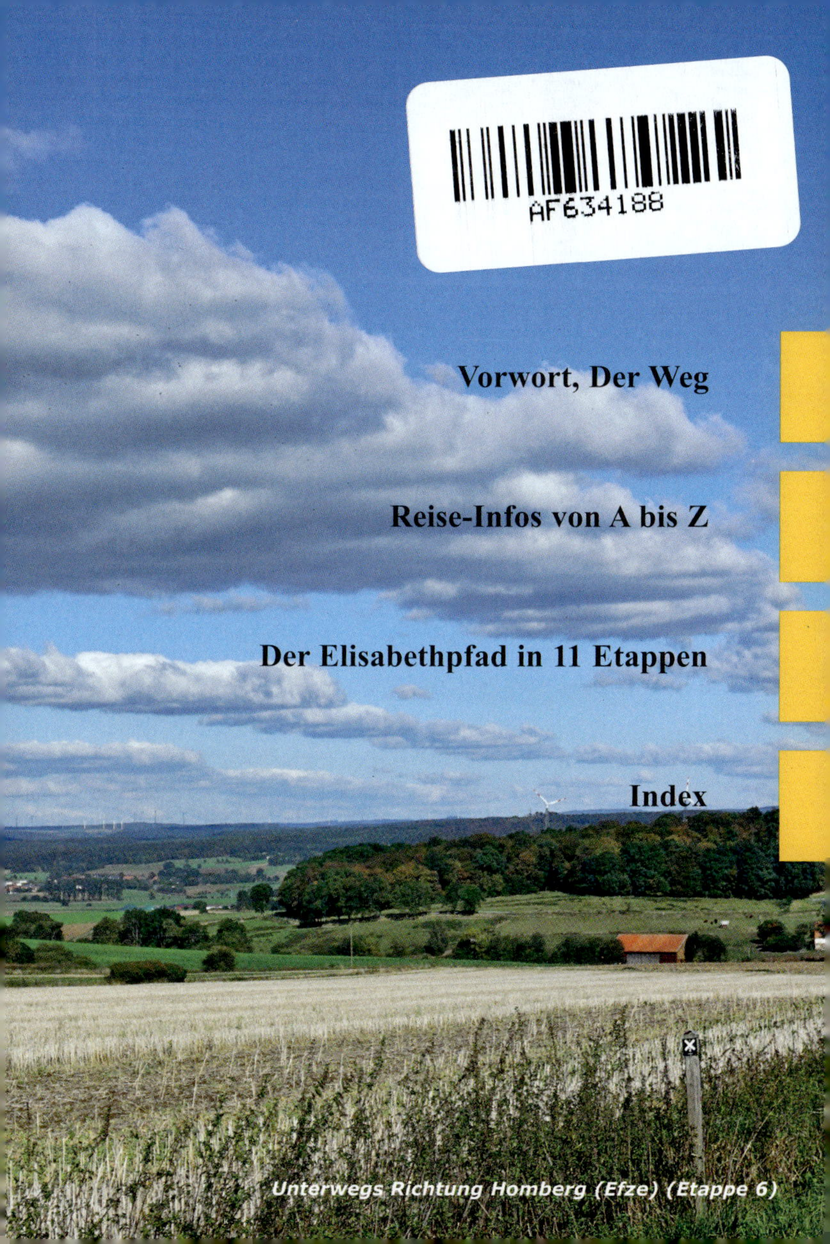

Unterwegs Richtung Homberg (Efze) (Etappe 6)

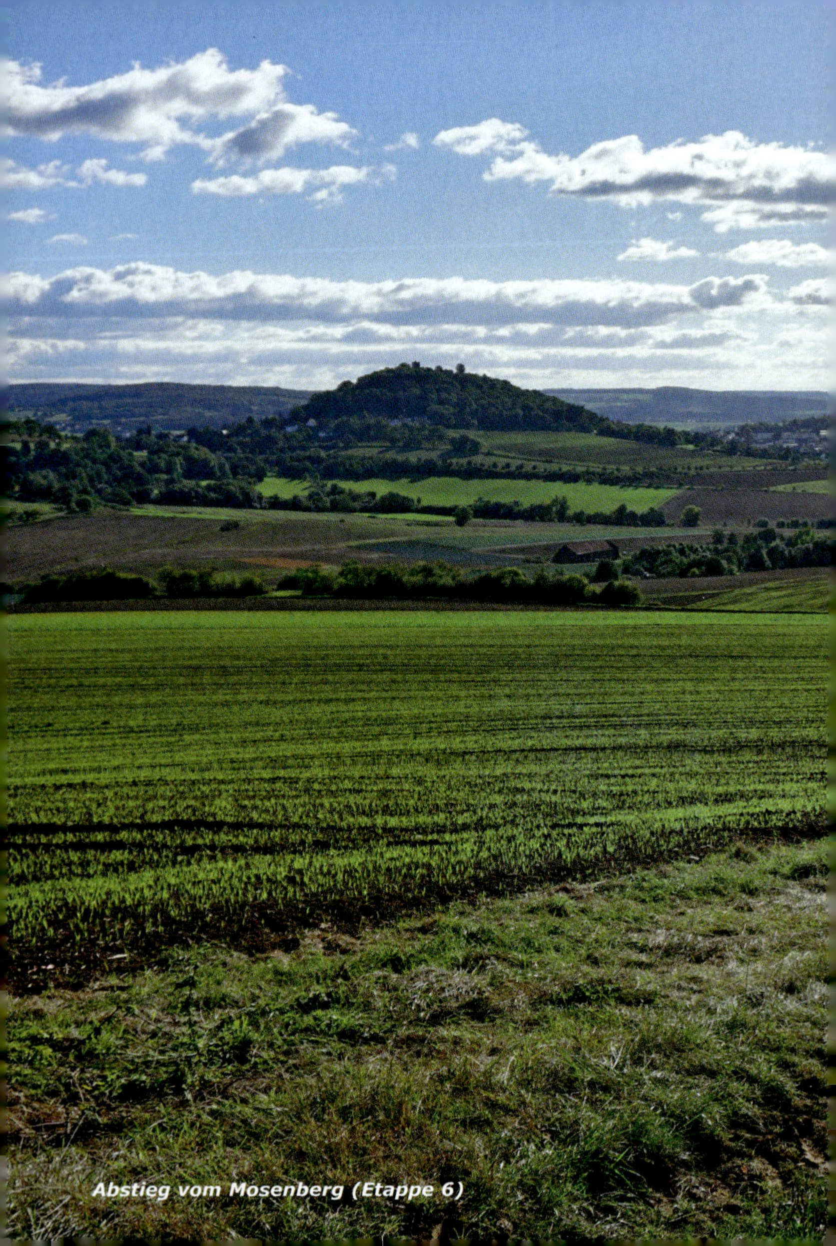

Abstieg vom Mosenberg (Etappe 6)

Band 255

OutdoorHandbuch

Thorsten Hoyer

Elisabethpfad

von Eisenach nach Marburg

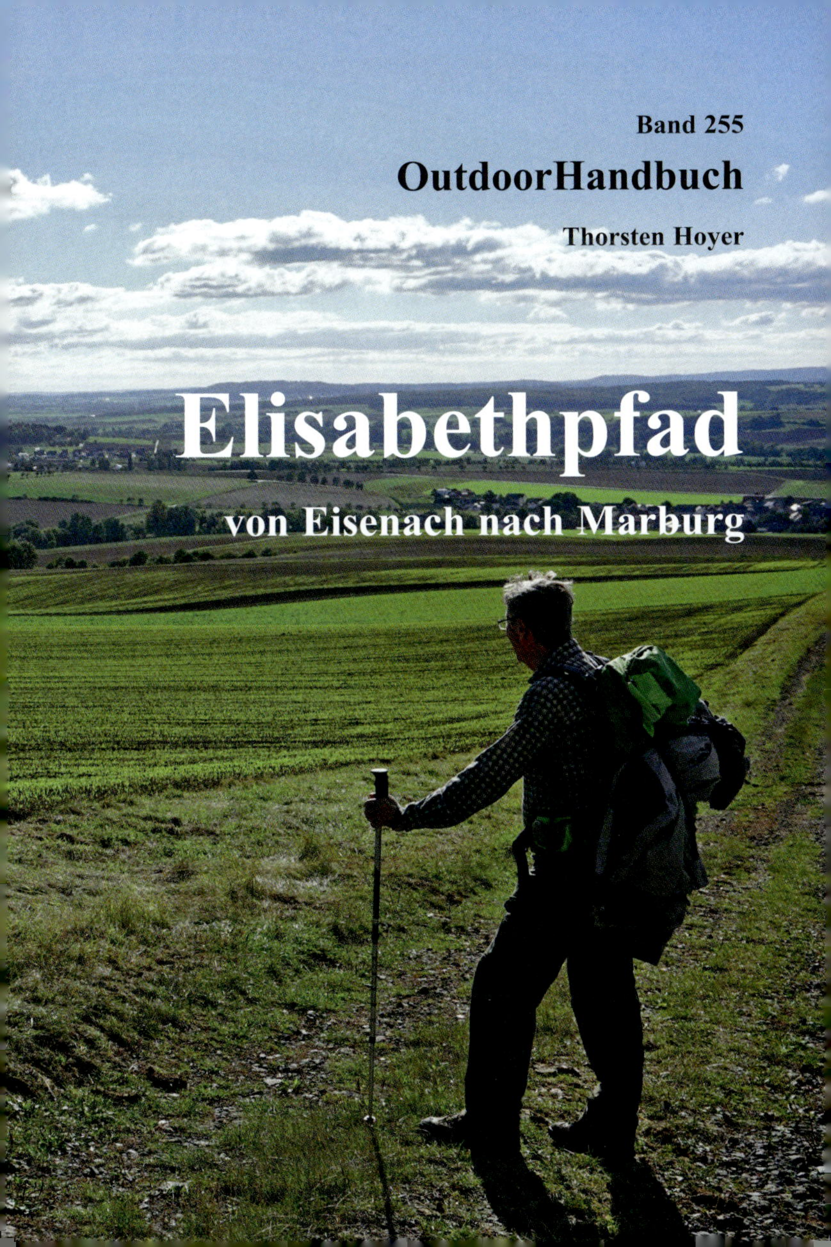

Elisabethpfad

Alle Informationen, schriftlich und zeichnerisch, wurden nach bestem Wissen zusammengestellt und überprüft. Sie waren korrekt zum Zeitpunkt der Recherche. Eine Garantie für den Inhalt, z.B. die immerwährende Richtigkeit von Preisen, Adressen, Telefon- und Faxnummern sowie Internetadressen, Zeit- und sonstigen Angaben, kann naturgemäß von Verlag und Autor - auch im Sinne der Produkthaftung - nicht übernommen werden.

Der Autor und der Verlag sind für Lesertipps und Verbesserungen (besonders per E-Mail) unter Angabe der Auflagen- und Seitennummer dankbar.

Dieses OutdoorHandbuch hat 96 Seiten mit 35 farbigen Abbildungen sowie 18 farbigen Kartenskizzen im Maßstab 1:100.000, 12 farbigen Höhenprofilen und einer farbigen, ausklappbaren Übersichtskarte. Es wurde auf chlorfrei gebleichtem Papier gedruckt, in Deutschland klimaneutral hergestellt und transportiert und wegen der größeren Strapazierfähigkeit mit PUR-Kleber gebunden.

klimaneutral
natureOffice.com | DE-077-151104
gedruckt

Dieses Buch ist im Buchhandel und in Outdoor-Läden erhältlich und kann im Internet oder direkt beim Verlag bestellt werden.

OutdoorHandbuch aus der Reihe „Der Weg ist das Ziel", Band 255

ISBN 978-3-86686-560-0 2., überarbeitete Auflage 2017

Text und Fotos: Thorsten Hoyer
Karten: Heide Schwinn
Lektorat: Kerstin Becker
Layout: Manuela Dastig

Gesamtherstellung: Werbedruck GmbH Horst Schreckhase

Dieses OutdoorHandbuch wurde konzipiert und redaktionell erstellt vom:

Conrad Stein Verlag GmbH, Kiefernstr. 6, 59514 Welver,
☏ 023 84/96 39 12, FAX 023 84/96 39 13,
info@conrad-stein-verlag.de,
www.conrad-stein-verlag.de

Besuchen Sie uns bei Facebook & Instagram:

www.facebook.com/outdoorverlag

www.instagram.com/outdoorverlag

Titelfoto: Wartburg © André Nestler

Inhalt

Vorwort

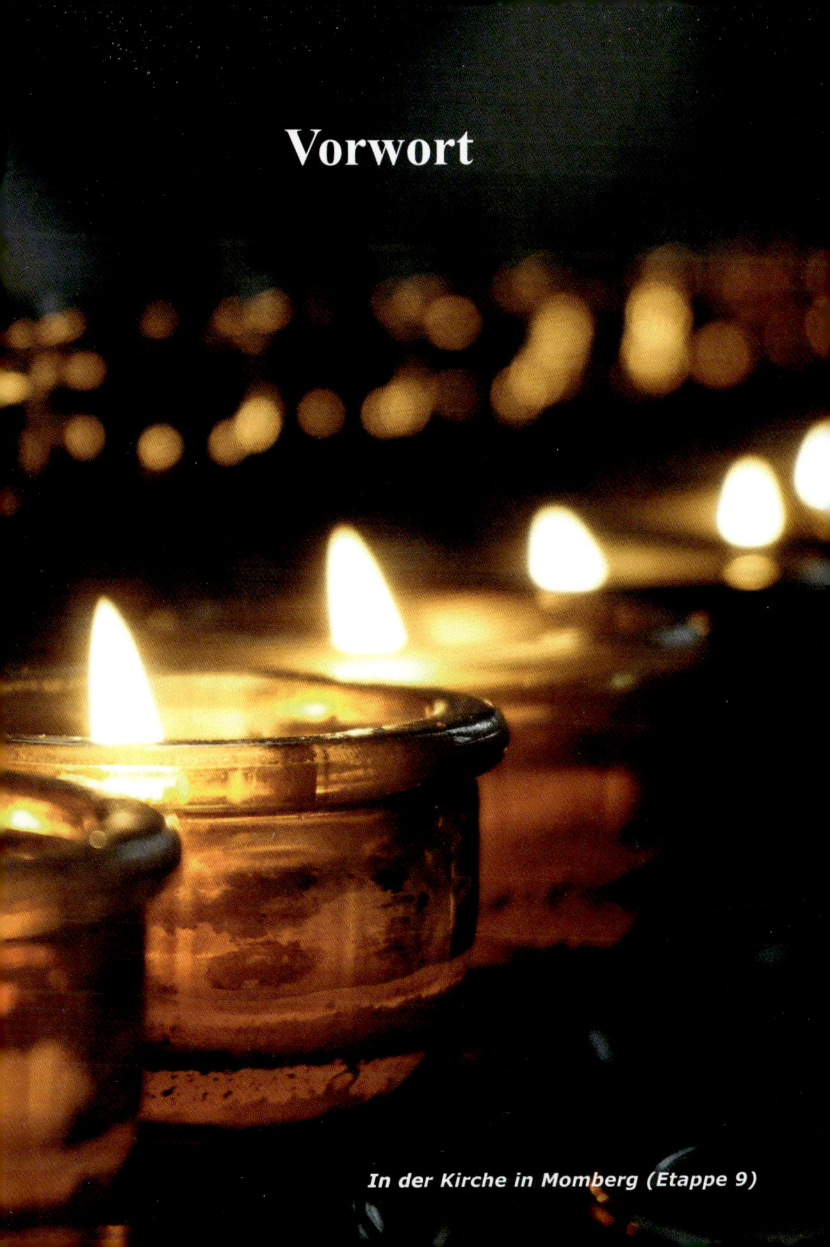

In der Kirche in Momberg (Etappe 9)

An der inzwischen seit Jahren andauernden Popularität des Pilgerns sind erfolgreiche Bücher von so manchem Prominenten natürlich nicht ganz unbeteiligt. Jedoch ist es kaum so, dass diese damit den „Boom“ auslösten, vielmehr haben auch sie das ewig alte Thema aufgegriffen und in das (gefühlt) schnelllebige Heute gebracht. Ob nun aber der Schriftsteller, der die Erlebnisse seiner Pilgerreise zu Papier bringt, oder die Leser, die nach einer solchen Lektüre aufbrechen: Im Vordergrund steht wohl zumeist der Wunsch, eigene Sehnsüchte und Neugier zu stillen und Fragen zu klären - oder aber auch das Gegenteil. Letztendlich geht es dabei also um einen selbst. Und um das Aufbrechen zu einer Reise, bei der man nicht zwingend viele Kilometer in fremden Ländern zurücklegen muss, um Unbekanntes oder verloren Geglaubtes (neu) zu entdecken oder wieder zu finden. Es ist die Reise zu sich selbst, ein „Sich-Aufmachen“ zu den eigenen Gefühlen, Gedanken und Erwartungen. Das intensive Erleben jedes einzelnen Schrittes – auf dem landschaftlich reizvollen Elisabethpfad.

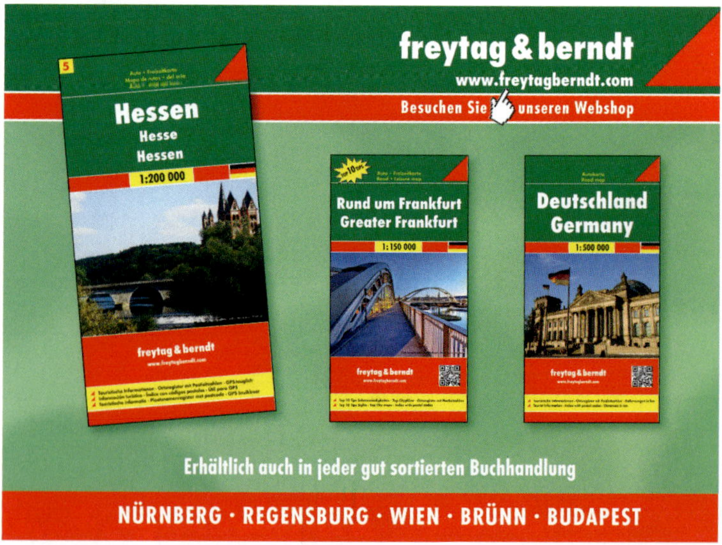

Der Weg

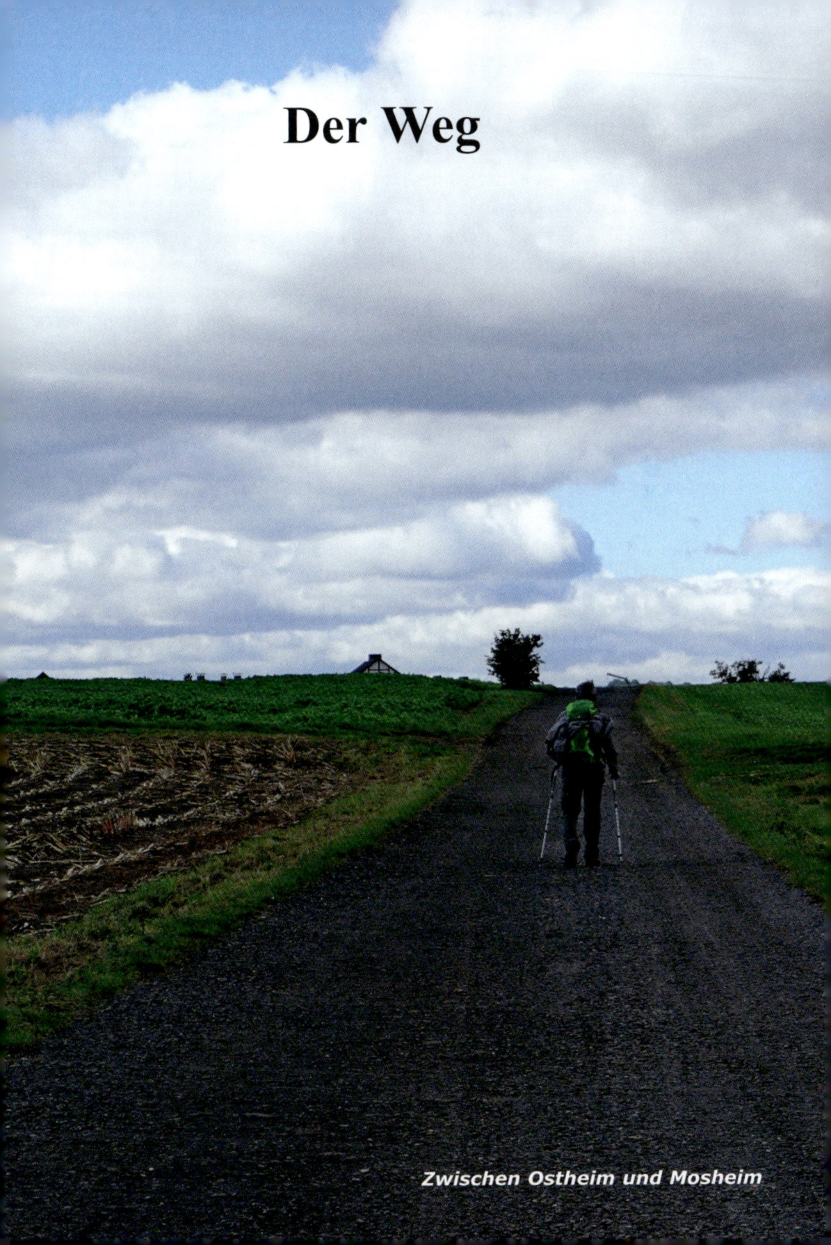

Zwischen Ostheim und Mosheim

Wissenswertes

Anlässlich des 800. Geburtstags der hl. Elisabeth wurde im Juni 2007 der Elisabethpfad eingeweiht. Der knapp 200 km lange Weg beginnt im thüringischen Eisenach direkt an der weltbekannten Wartburg und führt von dort zur Elisabethkirche nach Marburg/Lahn in Hessen. Diese beiden Städte gelten als die wichtigsten Stationen im Leben Elisabeths. Der Wegeverlauf orientiert sich über weite Strecken an dem mittelalterlichen Straßenzug „durch die langen Hessen", der zu jener Zeit die Reiseroute von Frankfurt/Main über Eisenach nach Leipzig bildete. Diese Route ist heute als ein „Weg der Jakobspilger" gekennzeichnet. Der Elisabethpfad und der Weg der Jakobspilger sind somit zum überwiegenden Teil identisch. Beide Wege sind vor Ort entsprechend markiert: Der Weg der Jakobspilger mit der bekannten gelben Muschel auf blauem Grund und der Elisabethpfad mit einem stilisierten „E", das dem Zeichen der Euro-Währung sehr ähnelt (€), auf dunkelrotem Grund.

Pilgern auf dem Jakobsweg und dem Elisabethpfad

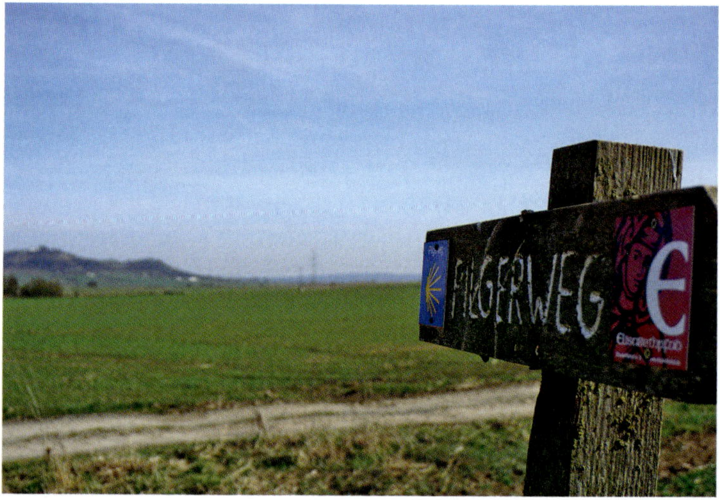

Neben diesem Elisabethpfad von Eisenach nach Marburg gibt es noch zwei weitere mit derselben Bezeichnung. Einer führt von Köln nach Marburg, ein weiterer von Frankfurt nach Marburg.

Elisabeth von Thüringen

Elisabeth von Thüringen, Tochter des ungarischen Königs Andreas II. und Gertrud von Andechs, wurde am 7. Juli 1207 in Ungarn auf Burg Sárospatak geboren. Bereits im Alter von wenigen Monaten wurde sie mit Ludwig von Thüringen, dem ältesten Sohn des Thüringer Landgrafen Hermann verlobt. Um in dessen Familie aufzuwachsen, brachte man sie, gerade einmal vier Jahre alt, an den thüringischen Hof. Gertrud von Andechs entstammte einer der einflussreichsten Adelsfamilien Europas. Der früh geplanten Verbindung lag sehr wahrscheinlich machtpolitisches Kalkül zugrunde. Denn auf diese Art und Weise ließen sich militärstrategisch wichtige Beziehungen zwischen dem ungarischen Königshaus und dem deutschen Adelsgeschlecht intensivieren.

Ihre Kindheit verbrachte Elisabeth unter anderem auf der Neuenburg bei Freyburg, der Runneburg bei Weißensee und der Creuzburg an der Werra. Die Creuzburg spielte für die verheiratete Elisabeth eine besonders wichtige Rolle und war auch für Ludwig von Thüringen die wichtigste Residenz. Die Wartburg hingegen fungierte immer „nur" als eine Festung und wurde erst von Ludwig von Thüringen zum Wohnsitz umgebaut.

Nach dem Tode Hermanns von Thüringen trat 1217 sein Sohn Ludwig an dessen Stelle. 4 Jahre später heiratete der 21-jährige Ludwig in der Eisenacher Georgenkirche die 7 Jahre jüngere Elisabeth. Aus der Ehe gingen drei Kinder hervor: Hermann von Thüringen (geb. 1222), Sophie (geb. 1224) und Gertrud (geb. 1227). Bereits zu dieser Zeit engagierte sich Elisabeth für kranke und hilfsbedürftige Menschen und mit Unterstützung ihres Ehemannes gründete sie 1223 in Gotha ein Hospital. Elisabeth identifizierte sich zunehmend mit den Idealen des Franz von Assisi. Dieses gewollte Leben in Armut stand natürlich in fundamentalem Gegensatz zum verschwenderischen Leben am Hofe. So blieb es nicht aus, dass sich Elisabeth hinsichtlich ihrer Verpflichtungen als Landgräfin in zunehmendem Maße in einem Widerspruch sah.

Auch als Elisabeth während einer schweren Hungersnot im Winter 1225/1226 die leidende Bevölkerung mit Lebensmitteln und Kleidung versorgte und selbst auch in dem von ihr gegründeten Hospital am Fuße der Wartburg die Kranken versorgte, stand ihr Ehemann Ludwig weiterhin hinter ihrem Wirken - die lauter werdenden kritischen Stimmen am Hofe ignorierend. Im Jahr 1226 wurde der Kreuzzugpriester Konrad von Marburg geistlicher Berater Elisabeths. In der Eisenacher Katharinenkirche gelobte sie ihm Gehorsam und unterwarf sich im Folgenden immer mehr seinem Einfluss.

1227 brach Ludwig von Thüringen zu einem Kreuzzug auf, von dem er nicht mehr zurückkehrte. Da sein erstgeborener Sohn Hermann erst fünf Jahre alt war, übernahm Ludwigs Bruder Heinrich die Macht. Hatte Elisabeth bisher durch ihren Ehemann den nötigen Rückhalt erfahren, verlor sie nun alle Unterstützung. Mit ihren drei Kindern verließ sie die Wartburg und lebte völlig mittellos in Eisenach - ein Leben, das sie als Ideal anstrebte.

Schon kurze Zeit nach dem Tod Ludwigs entbrannte ein Ringen um das Erbe von Elisabeth. Aufgrund der Intervention Konrads von Marburg stellte Papst Gregor IX. Elisabeth unter seinen Schutz, um ihr Leben und ihre Besitztümer zu sichern. Darüber wachen sollte Konrad von Marburg. Elisabeth lehnte dies aber ab und so kam es zu Differenzen, in deren Folge Elisabeth in der Eisenacher Franziskanerkirche erneut ein Gelübde ablegte. Inhalt dieses Gelübdes waren das Lossagen von ihren eigenen Kindern sowie abermals bedingungsloser Gehorsam. Den ebenfalls von ihr angestrebten völligen Verzicht auf alle Besitztümer wendete Konrad von Marburg ab. Daraufhin zwang ihre Familie sie zum Aufenthalt auf der fränkischen Burg Pottenstein. Als einige Wochen später der Leichnam Ludwigs ins Kloster Reinhardsbrunn überführt wurde, konnte sich Elisabeth dem Zwangsaufenthalt allerdings wieder entziehen. Ihre Familie sprach ihr neben einer verhältnismäßig geringen Geldsumme Ländereien bei Marburg zu. Hier ließ Elisabeth von Thüringen ein Hospital errichten, in dem sie ab Winter 1228 selbst als einfache Schwester arbeitete.

Am 17. November 1231 starb Elisabeth von Thüringen im Alter von 24 Jahren. Bereits vier Jahre später sprach Papst Gregor IX. sie heilig.

Die Rosenwunder-Legende, wonach sich das von Elisabeth heimlich aus der Hofküche geschmuggelte Brot bei einer Kontrolle in Rosen verwandelt haben soll, ist allerdings ein Ereignis aus dem Leben Elisabeths von Portugal. Vermutlich wurde dieses Wunder der hl. Elisabeth erst lange nach der Heiligsprechung zugeschrieben.

Reise-Infos von A bis Z

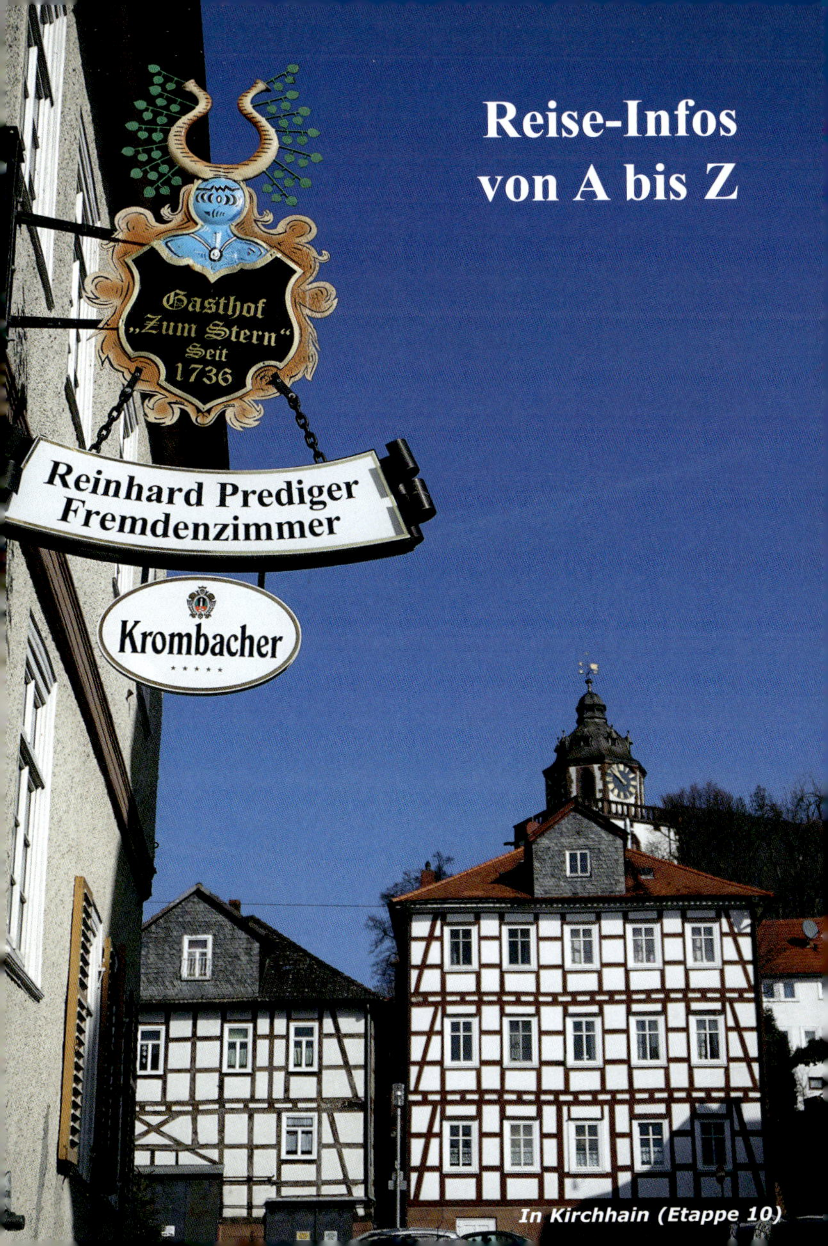

In Kirchhain (Etappe 10)

Anforderungen

Der Elisabethpfad ist ein bequem zu erwandernder Weg. Auch wenn ein paar wenige Abschnitte hinsichtlich der Höhenmeter etwas anstrengender sein können, so treffen Sie insgesamt auf keine technisch schwierigen Passagen. Die beschwerlichste Stelle ist der Aufstieg zur etwa 490 m hoch gelegenen Boyneburg. Insgesamt stellen die zu bewältigenden Höhenmeter für Wanderer mit durchschnittlicher Kondition keine Probleme dar. Auch wenig Trainierte können den Elisabethpfad ohne Schwierigkeiten erleben – eine entsprechende Einteilung der Etappenlängen vorausgesetzt.

Große Teile des Elisabethpfads verlaufen auf asphaltierten Wegen. Zum Wandern ist das nicht sehr angenehm, da mangels genügender Abwechslung mit weichem Wegeuntergrund die Füße, Beine und Gelenke recht schnell ermüden können. Planen Sie daher Ihre Tagesetappen lieber etwas kürzer. Manche dieser Wege führen über lange Strecken entlang offener Feldfluren ohne Schatten, sodass es im Sommer in der prallen Sonne unangenehm werden kann. Vergessen Sie daher bitte nicht, für ausreichenden Sonnenschutz zu sorgen.

In allen beschriebenen Etappenorten gibt es Möglichkeiten zum Einkauf von Lebensmitteln und Getränken. In den übrigen Orten ist dies nicht immer der Fall. Für unterwegs sollten Sie sich also mit Proviant eindecken - ein gemütliches Picknick mitten im Wald oder auf einer Wiese mit schönem Ausblick kann das Wandern genussvoll ergänzen.

Der Elisabethpfad wurde zur Eröffnung im Juli 2007 durchgängig markiert. Allerdings bedeutet dies nicht, dass die Wegführung vor Ort auch immer ohne Probleme zu finden ist. Das liegt einerseits daran, dass unterschiedliche Markierungszeichen verwendet wurden, andererseits wurde das Logo als Aufkleber direkt an Bäume angebracht. Diese halten der Witterung natürlich nicht lange stand und finden sich schnell dort wieder, wo sie nicht helfen und aus Umweltschutzgründen erst recht nicht hingehören: auf dem Waldboden. In den Ortschaften gehört mitunter schon ein gewisser Spürsinn dazu, die Zeichen – wenn überhaupt vorhanden – und somit den richtigen Weg zu finden. Auch die von den Jakobswegen bekannten gelben Pfeile finden Verwendung. Mitunter sind diese aber erst nach einem notwendigen Abbiegen irgendwo viel zu klein aufgemalt und des Öfteren durch Witterungseinflüsse kaum noch zu erkennen. An einigen Stellen wiederum zeigt solch ein Pfeil nach rechts oder links – allerdings führt der Weg geradeaus weiter. Deutlich zeigt sich dies dort, wo der Barbarossaweg X 8 und Elisabethpfad gemeinsam verlaufen: Da zeigt dann schon mal der Pfeil des

Barbarossaweges geradeaus, der des Elisabethpfades in eine andere Richtung. Dies passiert zum Glück aber nur selten. Ohne das Mitführen einer Karte und/oder einer exakten Wegbeschreibung ist die Wegeführung des Elisabethpfads teilweise nicht auffindbar.

Anreise und ÖPNV

Eisenach ist mit öffentlichen Verkehrsmitteln bestens zu erreichen. Die Orte Malsfeld (kurz vor Melsungen), Treysa, Schwalmstadt-Wiera (ideal für Momberg), Stadtallendorf und Kirchhain sind an das Streckennetz der Deutschen Bahn angeschlossen. Auch die übrigen Ortschaften entlang der einzelnen Etappen sind grundsätzlich mit Bussen erreichbar. Allerdings gibt es mitunter nur wenige Verbindungen, vor allem an den Wochenenden. Weiterhin müssen Sie auch für relativ kurze Strecken teilweise mit erheblichen Fahrtzeiten rechnen, da mit Umsteigen und Wartezeiten kalkuliert werden muss.

Die Rückreise von Marburg ist ebenfalls völlig unproblematisch zu planen. Der Hauptbahnhof befindet sich von der Elisabethkirche nur wenige Gehminuten entfernt. Von hier aus haben Sie sehr gute Verbindungen in Richtung Frankfurt und Kassel.

mit dem Pkw

Sie erreichen Eisenach über die Autobahn A 4, die unmittelbar an der Stadt vorbeiführt.

mit der Bahn

Eisenach ist an das ICE-Bahnnetz angebunden und somit hervorragend erreichbar.

- Umfassende Informationen bekommen Sie unter 💻 www.bahn.de.
- Rund um die Uhr gibt es unter der Servicenummer der Deutschen Bahn ☎ 018 06/99 66 33 Informationen über Zugverbindungen und Fahrpreise. Zudem können auch Fahrkarten gebucht und Reservierungen vorgenommen werden.
- Kostenlose Fahrplanauskünfte über ein Sprachdialogsystem sind ebenfalls rund um die Uhr unter ☎ 08 00/150 70 90 möglich.

mit dem Bus

Die Anreise mit dem Bus nach Eisenach bzw. zu dem Ort, wo der Einstieg auf den Elisabethpfad erfolgen soll, ist natürlich ebenfalls möglich. Der öffentliche Personennahverkehr wird in und zwischen den einzelnen Regionen durch verschiedene Verkehrsverbünde abgedeckt.

- Verkehrsgesellschaft Wartburgkreis mbH, ☏ 036 91/22 88 44 und 036 95/62 40 33, info@vgwak.de, www.vgwak.de
- Nordhessischer Verkehrsverbund, Servicenummer ☏ 08 00/939 08 00 (gebührenfrei), info@nvv.de, www.nvv.de, täglich 5:00 bis 22:00, Freitag und Samstag bis 24:00
- Rhein-Main-Verkehrsverbund GmbH, ☏ 069/24 24 80 24, info@rmv.de, www.rmv.de. Die RMV-Hotline informiert Sie täglich 24 Std.
- RMV-Mobilitätszentrale Marburg, Universitätsstraße 1, 35037 Marburg, ☏ 064 21/20 52 28, mobilitaetszentrale@swmr.de, www.stadtwerke-marburg.de, Mo bis Fr 9:00 bis 18:00

Sehr empfehlenswert ist der kostenlose Service der Deutschen Bahn, sich für gewünschte Strecken eine komplette Übersicht der bestehenden Verbindungen über den PC erstellen zu lassen. Sie bekommen diese innerhalb kürzester Zeit angezeigt und können sich die Liste ausdrucken.

http://persoenlicherfahrplan.bahn.de

Ergänzende Publikationen

Der Elisabethpfad-Verein bietet zum Pilgern auf dem Elisabethpfad verschiedenes Begleitmaterial an:

▷ Das „Pilgerbüchlein“ bietet während der Pilgerreise spirituelle Anregung und hält eine Auswahl an entsprechenden Liedern und Texten bereit. Erhältlich für € 2,50.

▷ Das Schriftstück „Marburger Pilgerweg“ wurde zum 800. Geburtstag der hl. Elisabeth im Jahr 2007 veröffentlicht. Es informiert über Elisabeth- und Jakobspilger in Marburg, ergänzt durch geistliche Texte, € 5.

▷ Ein Pilgerausweis ist zum Preis von € 1 erhältlich.

Sie können diese Publikationen direkt beim Elisabethpfadverein unter bestellung@elisabethpfad.de bestellen. Bitte beachten Sie, dass zu den Preisangaben noch Kosten für den Versand hinzukommen.

GPS-Tracks

Die GPS-Tracks zu den beschriebenen Wegen können Sie auf der Internetseite des Verlags (www.conrad-stein-verlag.de) herunterladen.

Informationen

Informationen zum Elisabethpfad erhalten Sie beim:

- Elisabethpfadverein e.V., Schützenstraße 39, 35039 Marburg, ☎ 064 21/656 83, ✉ info@elisabethpfad.de, 🖥 www.elisabethpfad.de

Touristische Informationen zu den Regionen erhalten Sie bei:

- Tourist Information Thüringen, Willy-Brandt-Platz 1, 99084 Erfurt, ☎ 03 61/374 20, ✉ service@thueringen-tourismus.de, 🖥 www.thueringen-entdecken.de, 🚪 Mo bis Fr 9:00 bis 19:00 und Sa, So 10:00 bis 16:00
- HA Hessen Agentur GmbH, Konradinerallee 9, 65189 Wiesbaden, ☎ 06 11/950 17 81 91, ✉ info@hessen-tourismus.de, 🖥 www.hessen-tourismus.de
- Werratal Touristik e.V., Kirchplatz 2, 36433 Bad Salzungen, ☎ 036 95/861 96 80, ✉ info@werratal.de, 🖥 www.werratal.de
- Werratal Tourismus Marketing GmbH, Niederhoner Straße 54, 37269 Eschwege, ☎ 056 51/99 23 30, ✉ info@urlaub-werratal.de, 🖥 www.urlaub-werratal.de
- Kultur- und Tourist-Info Melsunger Land e.V., Am Markt 5, 34212 Melsungen, ☎ 056 61/70 82 00, ✉ tourist-info@melsungen.de, 🖥 www.melsungen.de, 🚪 Mai bis Oktober Mo bis Fr 10:00 bis 17:00, Sa 10:00 bis 13:00; November bis April Mo bis Do 10:00 bis 16:00, Fr 10:00 bis 13:00
- Tourismusservice Rotkäppchenland e.V., Wiederholdstraße 27, 34613 Schwalmstadt-Ziegenhain, ☎ 066 91/20 74 07, ✉ info@rotkaeppchenland.de, 🖥 www.rotkaeppchenland.de, 🚪 Mo und Di 8:00 bis 12:00 und 14:00 bis 15:30, Mi und Fr 8:00 bis 12:00, Do 8:00 bis 12:00 und 14:00 bis 17:30
- Marburg Stadt und Land Tourismus GmbH, Biegenstraße 15, 35037 Marburg, ☎ 064 21/991 20, ✉ info@marburg-tourismus.de, 🖥 www.marburg-tourismus.de, 🚪 Mo bis Fr 9:00 bis 18:00, Sa 10:00 bis 14:00

Die Tourist-Informationen der am Elisabethpfad liegenden Städte und Gemeinden:

- Tourist-Information Eisenach, Markt 24 (im Stadtschloss), 99817 Eisenach, ☎ 036 91/792 30, ✉ info@eisenach.info, 🖥 www.eisenach.info, 🚪 Mo bis Fr 10:00 bis 18:00, Sa und So 10:00 bis 17:00
- Touristinformation Creuzburg (auf der Burg), 99813 Creuzburg, ☎ 03 69 26/9 80 47, ✉ tourismus@creuzburg.de, 🖥 www.creuzburg-online.de, 🚪 April bis Oktober Di bis Sa 12:00 bis 17:00, So 10:00 bis 17:00, November bis März Do bis So 10:00 bis 17:00, Schulferien in Thüringen und Hessen Di bis So 10:00 bis 17:00
- Gemeindeverwaltung Ringgau, Am Anger 3, 37296 Ringgau, ☎ 056 59/979 70, ✉ gemeinde@ringgau.de, 🖥 www.ringgau.de

- Spangenberg Verweis Kultur- und Tourist-Info Melsunger Land e.V.
- Tourist Information Homberg/Efze, Marktplatz 19, 34576 Homberg/Efze, ☏ 056 81/93 91 61, touristinfo@homberg-efze.eu, www.homberg-efze.eu, Mo bis Do 10:00 bis 17:00, Fr bis 15:00, Sa und So 11:00 bis 15:00
- Frielendorf aktiv – Gewerbe und Tourismus e.V., Ziegenhainer Straße 2, 34621 Frielendorf, ☏ 056 84/78 27, info@frielendorfaktiv.de, www.frielendorfaktiv.de, Mo bis Do 8:30 bis 15:30, Fr bis 12:30
- Stadtallendorf, Kirchhain, Amöneburg und Marburg Verweis Marburg Stadt und Land Tourismus GmbH
- Magistrat der Stadt Waldkappel, Leipziger Straße 34, 37284 Waldkappel, ☏ 0 56 56/989 718, rathaus@waldkappel.de, www.waldkappel.de
- Malsfeld Verweis Kultur- und Tourist-Info Melsunger Land e.V.
- Schwalmstadt Verweis Tourismusservice Rotkäppchenland e.V.

Organisierte Pilgerangebote

Über den Elisabethpfad-Verein werden von April bis Oktober organisierte Pilgerwanderungen angeboten. Neben einwöchigen Wanderungen besteht auch die Möglichkeit zum Samstagspilgern. Hierbei treffen sich die Pilger an einem Samstag in einem der Orte am Elisabethpfad und legen eine Tagesetappe zurück. Die Pilgerführer unterstützen die Teilnehmer bei der Heimreise mit öffentlichen Verkehrsmitteln. Die Angebote sind auf der Internetseite www.elisabethpfad.de veröffentlicht.

Umweltschutz

Eigentlich sollte es für jeden Pilger, Wanderer und Naturliebhaber selbstverständlich sein, dennoch sei an dieser Stelle auf folgende Punkte hingewiesen:

- Bitte tragen Sie Ihren Teil zum Schutz von Tieren und Pflanzen bei, indem Sie auf markierten Wegen und Pfaden bleiben. Unterhaltungen in angemessener Lautstärke sowie der Verzicht auf laute Musik schützen ebenfalls die scheuen Waldbewohner.
- Bitte machen Sie Feuer nur an den speziell dafür vorgesehenen Stellen und verzichten Sie auf das Rauchen im Wald!
- Abfallbehälter sind gut – wenn sie denn auch entsprechend genutzt werden. Am sinnvollsten ist es aber, wenn Sie Ihren Müll wieder nach Hause oder bis zum nächsten Quartier mitnehmen.

- ▷ Sogenanntes „wildes" Zelten sowie das Übernachten in Schutzhütten ist nicht erlaubt.
- ▷ Gehen Sie auf Nummer sicher und lassen Sie Ihren Hund im Wald bitte an der Leine.

Dekoration in der Schutzhütte auf dem Alpstein

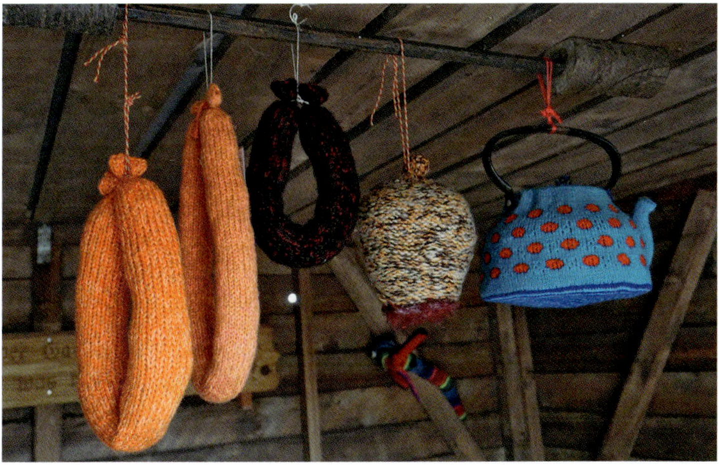

Unterkünfte

In Eisenach und Marburg steht Ihnen eine Vielzahl an verschiedensten Übernachtungsmöglichkeiten zur Verfügung. In den größeren Orten wie z. B. Spangenberg, Homberg/Efze und Stadtallendorf sollte es in der Regel ebenfalls keine Probleme geben, ein Quartier für die Nacht zu finden. Das Angebot ist überschaubar, im Großen und Ganzen aber passend und ausreichend.

In den übrigen Orten ist das Angebot hingegen sehr eingeschränkt oder zuweilen gibt es keine Übernachtungsmöglichkeit. Allerdings wird man in manchen dieser Dörfer von einem sehr guten Hotel bzw. Gasthaus überrascht, sodass Ihre Tour auch zu einer kleinen gastronomischen Entdeckungsreise werden kann.

Bei jeder Etappe wird auf die zur Verfügung stehenden Übernachtungsbetriebe hingewiesen. Dabei sind nicht nur die Betriebe in den Etappenorten selbst, sondern auch die in nahe gelegenen Ortschaften aufgelistet. Über die außerhalb geschlossener Ortschaften direkt am Elisabethpfad liegenden Quartiere und Gasthäuser wird unmittelbar in der Etappenbeschreibung informiert.

Unterwegs mit Hund

Ein schönes Erlebnis kann es sein, wenn auch der vierbeinige Freund als Begleiter auf der Wanderung bzw. der Pilgerreise mit dabei ist. Aufgrund der dafür völlig unproblematischen Wegeführung stellt dies für den Hund keine Probleme dar. Natürlich erfordert solch eine Unternehmung etwas genaueres Planen, insbesondere hinsichtlich der Übernachtungen. Da natürlich nicht alle Beherbergungsbetriebe auch Hunde mit aufnehmen, empfiehlt sich eine vorherige Anfrage im gewünschten Betrieb.

📖 Viele Informationen zum Thema gibt es in dem Band 143 „Trekking mit Hund", Basiswissen für draußen, Conrad Stein Verlag, ISBN 978-3-86686-550-1, € 9,90

Unterwegs mit dem Fahrrad

Von Eisenach bis Waldkappel verläuft der Weg der Jakobspilger durchgängig entlang des markierten Herkules-Eisenach-Radwegs. Die ersten drei Etappen lassen sich somit auch hervorragend mit dem Fahrrad erkunden. Auch die Etappe von Homberg/Efze zum Silbersee kurz vor Frielendorf führt entlang eines Radwegs.

Die übrigen Etappen sind nicht durch ausgewiesene Radwege miteinander verbunden. Der Elisabethpfad und der Weg der Jakobspilger verlaufen dort zwar auch immer wieder auf befestigten forst- und landwirtschaftlich genutzten Wegen, jedoch müssen zahlreiche Streckenabschnitte passiert werden, die das Radfahren sehr beschwerlich oder völlig unmöglich werden lassen.

Da sich rechts und links des Elisabethpfades keine markierten Radwege befinden, die sich als zumutbare Alternativstrecken anbieten würden, sollten Sie Ihrem Fahrrad lieber eine Pause gönnen und sich zu Fuß auf den Weg begeben.

Updates

Der Conrad Stein Verlag veröffentlicht Updates zu diesem Buch, die direkt vom Autor oder von den Lesern dieses Buches stammen. Sie finden diese auf der Verlagshomepage 💻 www.conrad-stein-verlag.de. Der abgebildete QR-Code führt Sie direkt dorthin.

Der Elisabethpfad in 11 Etappen

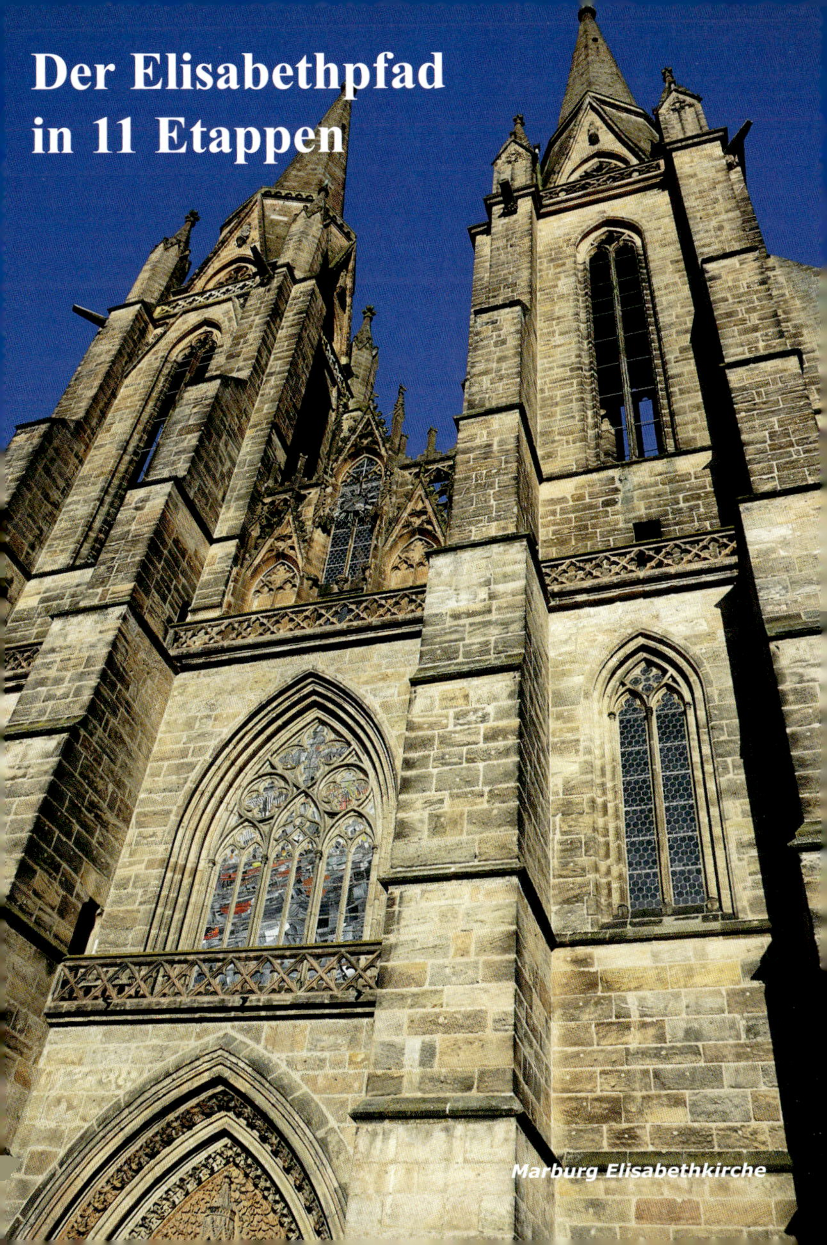

Marburg Elisabethkirche

Eisenach

99817 03691

Tourist-Information Eisenach, Markt 24 (im Stadtschloss), 792 30, info@eisenach.info, www.eisenach.info, Mo bis Fr 10:00 bis 18:00, Sa und So bis 17:00. Treffpunkt für zweistündige Stadtführung (Erwachsene € 7,50), 1. April bis 31. Oktober täglich 10:30 und 14:00

Romantik Hotel auf der Wartburg, 79 70, info@wartburghotel.de, www.wartburghotel.de, EZ ab € 119, DZ ab € 179. Einzigartiges 5-Sterne-Luxushotel!

- Steigenberger Hotel Thüringer Hof, Karlsplatz 11, 280, eisenach@steigenberger.de, www.steigenberger.de, EZ ab € 89, DZ ab € 139
- Schlosshotel, Markt 10, 70 20 00, info@schlosshotel-eisenach.de, www.schlosshotel-eisenach.de, EZ ab € 65, DZ ab € 115
- Göbels Sophienhotel, Sophienstraße 41, 25 10, info@sophienhotel.de, www.sophienhotel.de, EZ ab € 90, DZ ab € 130
- Hotel Glockenhof, Grimmelgasse 4, 23 40, info@glockenhof.de, www.glockenhof.de, EZ ab € 69, DZ ab € 99
- Boutique-Hotel Villa Anna, Fritz-Koch-Straße 12, 239 50, info@hotel-villa-anna.de, www.hotel-villa-anna.de, EZ ab € 65, DZ ab € 85
- Berghotel Eisenach, An der Göpelskuppe 1, 226 60, info@berghotel-eisenach.de, www.berghotel-eisenach.de, EZ ab € 64, DZ ab € 104
- Hotel Kaiserhof, Wartburgallee 2, 888 90, info@kaiserhof-eisenach.de, www.kaiserhof-eisenach.de, EZ ab € 79, DZ ab € 109
- Hotel Logotel, Karl-Marx-Straße 30, 23 50, info@logotel.de, www.logotel.de, EZ € 69, DZ € 95
- Hotel am Bachhaus, Marienstraße 7, 204 70, info@hotel-am-bachhaus.de, www.hotel-am-bachhaus.de, EZ ab € 61, DZ ab € 89
- Hotel Eisenacher Hof, Katharinenstraße 13, 293 90, info@eisenacherhof.de, www.eisenacherhof.de, EZ ab € 69, DZ ab € 89
- Hotel Haus Hainstein, Am Hainstein 16, 24 20, www.hainstein.de, EZ ab € 67, DZ ab € 86
- City-Hotel, Bahnhofstraße 25, 209 80, info@cityhotel-eisenach.de, www.cityhotel-eisenach.de, EZ ab € 57, DZ ab € 79
- Pension Mahrets Puppenstube, Neustadt 30, 74 27 44, pension.mahret@t-online.de, www.puppenstubenhotel-eisenach.de
- Hotel Pension garni Klostergarten, Am Klosterholz 23, 78 51 66, info@hotel-klostergarten.de, www.hotel-klostergarten.de, EZ ab € 45, DZ ab € 65

- ♦ Pension Zum Burschen, Am Ofenstein 12, ☏ 74 32 06, EZ ab € 40, DZ ab € 58
- ♦ Pension Kilian, Kapellenstraße 8, ☏ 21 11 22, ✉ pke@gmx.de, 💻 www.pension-kilian.de, EZ ab € 40, DZ ab € 60
- ♦ Pension im Park, Mariental 42, ☏ 73 23 73, ✉ info@pension-im-park.de, 💻 www.pension-im-park.de, EZ ab € 35, DZ ab € 55
- ♦ Hotel-Pension Haus Waldblick, Albrechtstraße 1, ☏ 21 47 51, 💻 www.haus-waldblick.info, EZ € 40, DZ € 60
- ♦ Wanderherberge und Gasthof Am Storchenturm, Georgenstraße 43a, ☏ 73 32 63, ✉ info@gasthof-am-storchenturm.de, 💻 www.gasthof-am-storchenturm.de, EZ € 23, DZ € 36, (es stehen auch Vier- und Sechsbettzimmer zur Verfügung), Frühstück € 8. Tipp: Die Herberge befindet sich in einem rund 800 Jahre alten Gehöft mitten im Stadtzentrum; herrlicher Biergarten!
- ♦ Jugendbildungsstätte Junker Jörg, Hainweg 33, ☏ 79 55 90, ✉ info@junker-joerg.net, 💻 www.junker-joerg.net, Erwachsene bis 27 Jahre ab € 13, darüber ab € 21 zzgl. Bettwäsche und Handtücher, Frühstück € 5
- ♦ Pension und Gasthaus St. Peter, Am Petersberg 7, ☏ 89 04 01 und 87 28 30, ✉ info@stpeter-eisenach.de, 💻 www.stpeter-eisenach.de, EZ € 42, DZ € 65
- ♦ Pension Katharinenschule, Katharinenstraße 149, ☏ 886 42 02, ✉ pension@katharinenschule.com, 💻 www.katharinenschule.com, EZ ab € 53, DZ ab € 86. Im Haus gibt es eine Kleinkunstbühne für Konzerte, Kabarett und Entertainment.
- ♦ Pilgerherberge im ev. Diakonissenhaus, Karlsplatz 27-31, ☏ 26 00, ✉ reservierung@diako-thueringen.de, 💻 www.diako-thueringen.de
- Jugendherberge Eisenach, Mariental 24, ☏ 74 32 59, ✉ eisenach@jugendherberge.de, 💻 www.jugendherberge.de, ab € 24,60

⌘ Im Thüringer Museum sind kunsthandwerkliche Sammlungen und umfangreiche volkskundliche Bestände zu sehen; wechselnde Ausstellungen.

- ♦ Stadtschloss, Markt 24, ☏ 67 04 50, Mi bis So 10:00 bis 17:00

⌘ Lutherhaus, hier wohnte Martin Luther während seiner Eisenacher Schulzeit. Eine Ausstellung informiert über Luthers Jugendzeit.

- ♦ Lutherplatz 8, ☏ 298 30, Di bis So 10:00 bis 17:00, 💻 www.lutherhaus-eisenach.de

⌘ Das Bachhaus, mutmaßliches Geburtshaus Johann Sebastian Bachs, beherbergt historische Zeugnisse und eine große Sammlung von Musikinstrumenten.

- ♦ Frauenplan 21, ☏ 793 40, täglich 10:00 bis 18:00, 💻 www.bachhaus.de

⌘ In der Villa des Schriftstellers und Dichters Fritz Reuter ist heute das Reuter-Wagner-Museum mit einer umfangreichen Richard-Wagner-Sammlung untergebracht.

♦ Reuterweg 2, ☏ 74 32 93, Mi bis So 14:00 bis 17:00

⌘ Im Museum „Automobile Welt Eisenach" werden über 100 Jahre Eisenacher Automobilbaugeschichte dokumentiert. Zu sehen sind Fahrzeuge der verschiedenen Epochen.

♦ Friedrich-Naumann-Straße 10, ☏ 772 12, April bis Oktober Di bis So 10:00 bis 18:00, November bis März Di bis So 11:00 bis 17:00, www.awe-museum.de

Kirchen und Kapellen in Eisenach

✞ Die ev. Stadtkirche St. Nikolai wurde etwa in der Mitte des 12. Jh. erbaut.

♦ Der Bau der kath. Pfarrkirche wurde im Jahr 1887 vollendet und ist der hl. Elisabeth geweiht.

♦ In der ev. Kirche St. Georgen wurden 1221 Landgraf Ludwig IV. und Elisabeth vermählt.

♦ Der Bettelmönchsorden der Dominikaner siedelte sich im 13. Jahrhundert in Eisenach an und gründete das Dominikanerkloster. Die zum Kloster gehörende Kirche ist noch erhalten und gehört zu den ältesten, der hl. Elisabeth geweihten Kirchen im deutschsprachigen Raum.

♦ Über dem Portal der ev. Stadtkirche Stift St. Annen ist die Jahreszahl 1226 zu lesen. Der Legende nach gründete Elisabeth in diesem Jahr ein Hospital auf dem Elisabethplan. Das Hospital wurde an die Stelle verlegt, an der heute die Annenkirche steht.

Eisenach wurde im Jahre 1180 das erste Mal urkundlich erwähnt. Durch ihre Lage an verschiedenen mittelalterlichen Handelswegen entwickelte sich die Stadt sehr schnell und gewann zunehmend an Einfluss. Für die Thüringer Landgrafen wurde die Wartburg Hauptresidenz und somit kam der Stadt während der Herrschaft der Ludowinger eine zentrale Bedeutung zu. In Folge des thüringisch-hessischen Erbfolgekrieges verloren die thüringischen Landgrafen einen Teil ihres Einflussbereiches und im Jahr 1405 wurde Eisenach als Residenzsitz aufgegeben. Martin Luther kam 1498 als Lateinschüler nach Eisenach und lebte von 1521 bis 1522 zehn Monate auf der Wartburg. Am 21. März 1685 wurde Johann Sebastian Bach in Eisenach geboren.

Zu Beginn des 19. Jh. wurden die ersten Fabriken gegründet und damit einhergehend wurde auch die kulturelle Entwicklung vorangetrieben. Bereits 1896 begann hier die Produktion von Fahrzeugen. Nachdem in Folge des 2. Weltkrie-

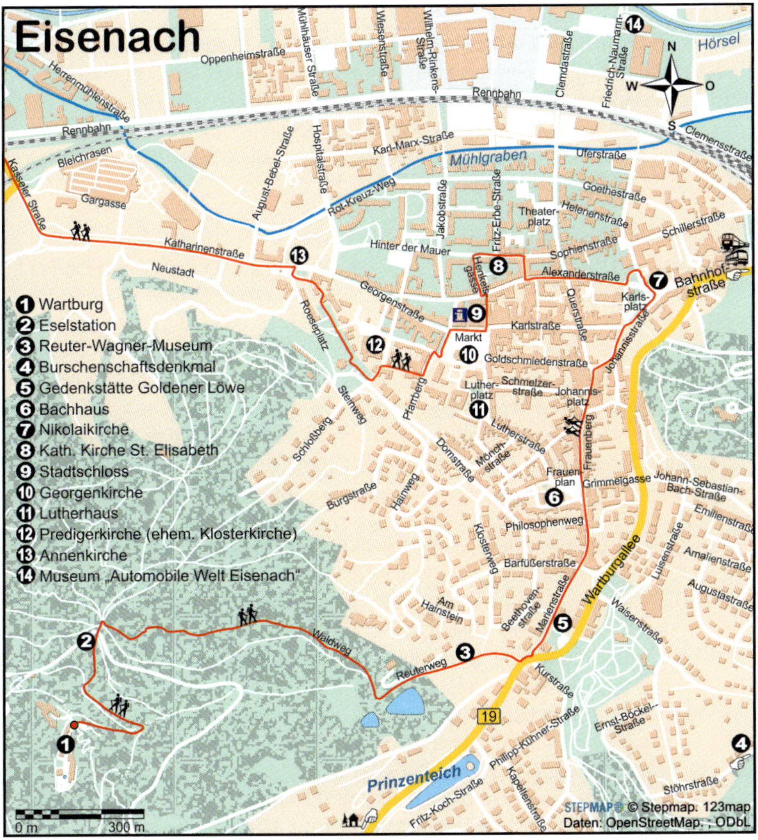

ges 1952 die innerdeutsche Grenze geschlossen wurde und Ortsteile sich aufgrund ihrer zu westlichen Lage plötzlich in einem Sperrgürtel befanden, verlor Eisenach trotz der ansässigen Automobilindustrie (Produktion des Wartburgs) an Bedeutung. Heute bilden die Automobilindustrie und der Tourismus die wichtigsten Wirtschaftszweige.

Die Touristinformation bietet einen speziellen Elisabeth-Rundgang durch die Stadt mit 11 Stationen an.

💻 www.eisenach.de

Die Wartburg in Eisenach

Die erste urkundliche Erwähnung der Wartburg (☞ Titelbild) geht auf das Jahr 1080 zurück. Der Sage nach soll Graf Ludwig der Springer aus dem Geschlecht der Ludowinger die Burg aber bereits 13 Jahre zuvor gegründet haben. Im Jahre 1155 wurde mit dem Bau des Hauptgebäudes begonnen, der heute als der besterhaltene romanische Profanbau nördlich der Alpen gilt. 1206/1207 soll hier der Sängerkrieg stattgefunden haben.

Der sog. „Sängerkrieg" war ein Wettstreit unter berühmten Sängern wie Walther von der Vogelweide oder Heinrich von Ofterdingen. Das Ereignis ist erfunden, verdeutlicht aber anschaulich die Blütezeit der Künste auf der Wartburg zur Zeit Hermanns I.

In den Jahren 1211 bis 1228 verweilte die hl. Elisabeth auf der Wartburg. 1317 wurden große Teile der Burg durch einen Brand zerstört. Martin Luther kam im Jahr 1521 auf die Wartburg und übersetzte hier das Neue Testament in die deutsche Sprache. 1777 besuchte Johann Wolfgang von Goethe zum ersten Mal die Wartburg und fertigte Zeichnungen der Burg an, die heute noch existieren.

40 Jahre später versammelten sich anlässlich des 300. Reformationsjubiläums sowie des vierten Jahrestages der Leipziger Völkerschlacht Studenten zur ersten deutschen bürgerlichen demokratischen Versammlung. Von 1838 bis 1890 wurde die Wartburg wieder aufgebaut.

1922 wurde die Wartburg-Stiftung ins Leben gerufen und 1952 begann eine zweijährige Baumaßnahme. Die UNESCO nahm die Wartburg 1999 in die Liste des Welterbes auf. Im Jahr 2007 wurde auf der Wartburg dem 800. Geburtstag der hl. Elisabeth mit verschiedenen Veranstaltungen gedacht.

Auf der Burg erinnern insbesondere zwei Räumlichkeiten an den Aufenthalt der hl. Elisabeth: Die Elisabethkemenate und die Elisabethgalerie im 1. Obergeschoss. Die kunstvollen Mosaike an Wänden und Gewölben der Kemenate zeigen das Leben der hl. Elisabeth. In der Galerie wird dieses auf sechs Fresken dargestellt. Planen Sie für den Besuch der Wartburg und des Museums unbedingt genügend Zeit ein.

ℹ Wartburg-Stiftung, Auf der Wartburg 1, ☏ 036 91/25 00, ✉ info@wartburg.de, 💻 www.wartburg.de, 🚪 1. April bis 6. November Führungen 8:30 bis 17:00, Besichtigung der Außenanlagen bis 20:00; 7. November bis 31. März Führungen 9:00 bis 15:30, Besichtigung der Außenanlagen bis 17:00

1. Etappe: Eisenach - Creuzburg

19,5 km ca. 5 Std. 190 m bis 387 m 15 m 196 m

0,0 km	387 m	Eisenach Wartburg
3,3 km	228 m	Eisenach Marktplatz BANK
11,9 km	200 m	Hörschel
16,4 km	194 m	Wilhelmsglücksbrunn
19,5 km	196 m	Creuzburg Marktplatz BANK

Bevor es mit dem Elisabethpfad los geht, zunächst der Hinweis auf die **Via Regia**, die ebenfalls unmittelbar an der Wartburg entlang führt:

Pfade, Wege und Straßen spielten in der Geschichte der Menschheit schon immer eine entscheidende Rolle. Bereits vor vielen Jahrhunderten wurden in den Ausbau dieser Transportwege erhebliche Mittel investiert, denn der beginnende und stetig wachsende Austausch der unterschiedlichsten Waren erforderte eine möglichst schnelle und sichere Beförderung. Eine der bekanntesten und wichtigsten dieser mittelalterlichen Handelsstraßen war die Via Regia, die einst Breslau und Frankfurt am Main miteinander verband. Entlang der Via Regia entstanden Siedlungen, die sich im Laufe der Zeit zu überregional bedeutenden Handels- und Messestädten entwickelten. Die Vorzüge dieser zur damaligen Zeit komfortablen Straße machten sich jedoch nicht nur Händler und Kaufleute zunutze, auch Kaiser und Könige reisten auf ihr, Feldherren führten Armeen durchs Land, Bettler und Vagabunden setzten Hoffnungen in sie, berühmte Künstler folgten ihr und Pilger wanderten ihrem spirituellen Ziel entgegen.

In diesem Buch wird der rund 420 km lange Teil der Via Regia von der deutsch-polnischen Grenze in Görlitz durch Sachsen, Sachsen-Anhalt und Thüringen bis nach Vacha an der thüringisch-hessischen Grenze beschrieben. Dabei können so geschichtsträchtige Städte wie Bautzen, Kamenz, Leipzig, Naumburg, Erfurt, Gotha und Eisenach sowie landschaftliche Besonderheiten kennengelernt werden. Die Via Regia ist heute auch als Ökumenischer Pilgerweg ausgewiesen. An der Wartburg kann man dem Elisabethpfad bis in die traditionsreiche Universitätsstadt Marburg/Lahn zur Elisabethkirche folgen.

Via Regia, Thorsten Hoyer, Conrad Stein Verlag, OutdoorHandbuch, ISBN 978-3-86686-316-3, € 12,90. Das Buch beinhaltet neben der Wegbeschreibung Hinweise auf Sehenswürdigkeiten, Museen, Kirchen und Übernachtungsmöglichkeiten (mit Pilgerherbergen) und viele weitere nützliche und interessante Informationen.

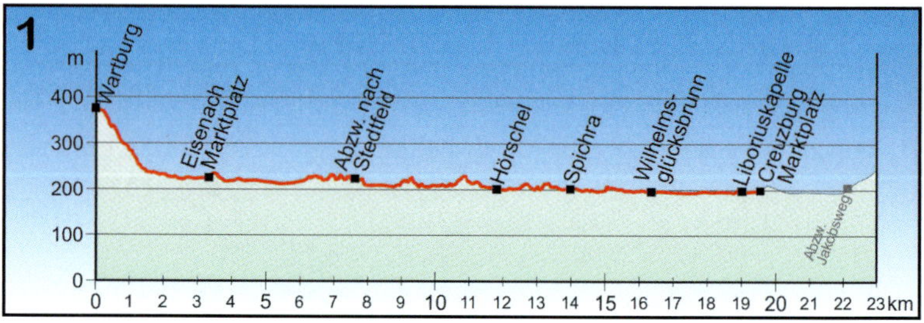

Ihre Wanderung auf dem Elisabethpfad beginnt unmittelbar auf der Wartburg. Gehen Sie zunächst den gepflasterten Weg hinunter und folgen Sie dann dem nach links abzweigenden Fußweg weiter bergab. Sie queren die Zufahrtsstraße zur Burg und erreichen kurz darauf die Eselstation. Hier zweigen Sie rechts ab und wandern bis zum Stadtrand von Eisenach, wo der Waldweg in den Reuterweg übergeht. Sie spazieren am Reuter-Wagner-Museum vorbei und stoßen auf die Bundesstraße 19, die Sie aber sogleich wieder nach links in die Marienstraße verlassen. Nach ein paar Metern passieren Sie die Gedenkstätte Goldener Löwe.

Im hiesigen ehemaligen Gasthof Goldener Löwe wurde am 7. August 1869 unter Führung von August Bebel und Wilhelm Liebknecht der Kongress zur Gründung der Sozialdemokratischen Arbeiterpartei abgehalten. Der Ort gilt somit als eine der maßgeblichen Stätten der deutschen Sozialdemokratie. Entsprechende Dauerausstellungen führen Besucher in diese Zeit zurück.

www.august-bebel-gesellschaft.de, Mo bis Fr 11:00 bis 17:00

Sie folgen der Marienstraße, queren kurz nach einem tegut Supermarkt die Barfüßerstraße und gehen weiter geradeaus. Nach ungefähr 100 m (zur Linken zweigt der Philosophenweg ab) geht die Marienstraße in die Straße Frauenberg über. Kurz darauf befindet sich links von Ihnen der Frauenplan, einer der drei historischen Marktplätze Eisenachs. Gegenüber sehen Sie die traditionsreiche Konditorei Brüheim, die auch Drehort für die in Eisenach spielende ARD Fernsehserie „Familie Dr. Kleist" war. Das Café ist geöffnet Mo bis Sa 9:00 bis 18:00 und So 13:00 bis 18:00. Tipp: Probieren Sie den aufwändig handgemachten Baumkuchen.

Der Elisabethpfad führt am Johannisplatz vorbei, um wenig später nach rechts in die Johannisstraße abzubiegen. Am nächsten Abzweig schwenkt die Johannis-

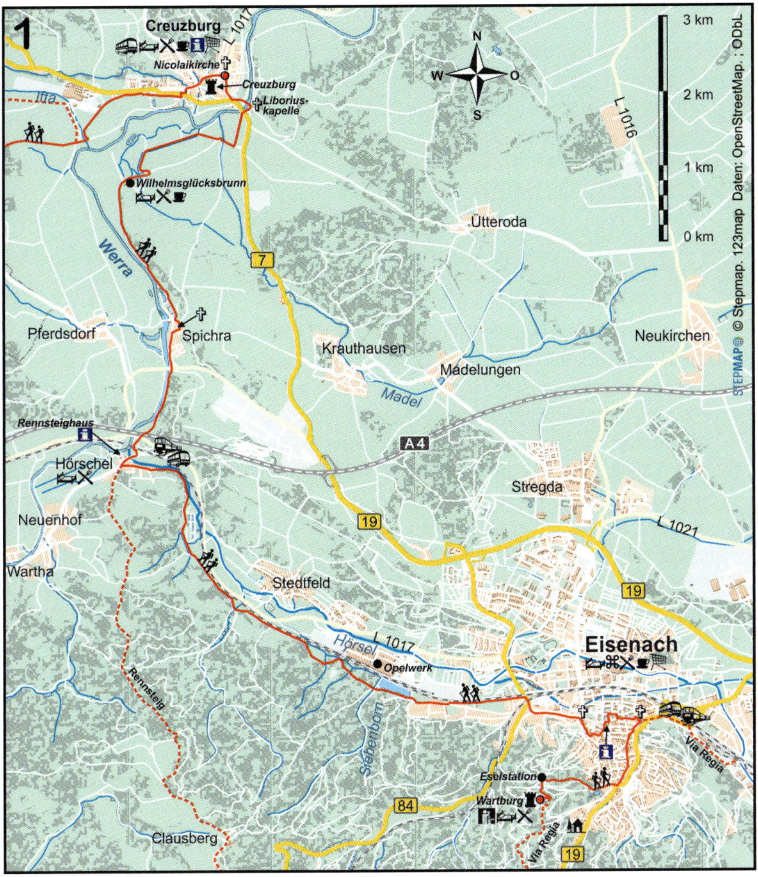

straße nach links und bringt Sie zum eindrucksvollen Karlsplatz mit der angrenzenden Nikolaikirche. Rechts am Steigenberger Hotel Thüringer Hof vorbei, folgen Sie ein kurzes Stück der Alexanderstraße, um am nächsten Abzweig in die Querstraße nach rechts einzubiegen. Abermals nach nur wenigen Schritten halten Sie sich an der Sophienstraße links und gelangen zur St.-Elisabeth-Kirche. An der Kirche vorbei, biegen Sie links ab in die Henkelsgasse und queren die Alexanderstraße nach links, um sogleich wieder in die Marktgasse zu wechseln. Sie spazieren am Stadtschloss entlang zum Marktplatz mit der Georgenkirche. Der Unteren Predigergasse nach rechts folgend, kommen Sie zur Predigerkirche, hinter der sich die Kreuzkirche befindet. Haben Sie die Predigerkirche mit dem Thüringen Museum passiert, weist Sie kurz darauf die Markierung unmittelbar vor einem Kindergarten nach links durch die Stadtmauer. Gehen Sie gleich nach dem Durchgang wieder rechts. Sie passieren einen alten Friedhof, den Storchenturm und Gasthaus & Wanderherberge Am Storchenturm.

Sie erreichen den kleinen Roeseplatz und gehen nach rechts zur nahen Annenkirche. Hier folgen Sie der Katharinenstraße nach links. Sobald die Straße an einer Kreuzung nach rechts knickt, geht sie in die Kasseler Straße über.

Auf dieser unterqueren Sie eine Eisenbahnbrücke und biegen kurz darauf unmittelbar vor einer weiteren Eisenbahnbrücke nach links in die Gaswerkstraße ab. In Höhe einer Kleingartenanlage kommen Sie an eine Weggabelung, an der Sie halb rechts weitergehen.

Kurz hinter einem Buswendeplatz wechselt die Wegoberfläche von Asphalt in Schotter. Weiter entlang der Bahngleise passieren Sie die unscheinbare Siebenbornquelle.

Auf der gegenüberliegenden Seite der Gleise sind die Werkshallen der Firma Opel gut zu erkennen. Am Ende des Schotterweges biegen Sie vor dem Bahnübergang auf die Straße nach links ab. Nach rechts würden Sie in den Ortsteil Stedtfeld gelangen.

Nun liegt wieder ein langes Stück asphaltierter Weg vor Ihnen, der in Höhe der Gebäude des Trink- und Abwasserverbandes der Stadt Eisenach in einen geschotterten Weg übergeht und in den Wald führt. Leicht ansteigend überwinden Sie eine Kuppe und erreichen den kleinen Ort **Hörschel**. Folgen Sie der Straße bis zur mit Kopfsteinen gepflasterten Durchgangsstraße. Biegen Sie rechts ab zur Kirche (erbaut in den Jahren 1904/05).

🛏 Gasthaus/Pension Tor zum Rennsteig, 99817 Hörschel, Unterstraße 2-4,
☏ 03 69 28/926 99 und 📱 01 75/482 43 87, ✉ info@rennsteig-beginn.de,
💻 www.rennsteig-beginn.de, Übernachtungspreise auf Anfrage

Nur wenige Schritte weiter startet direkt am Ufer der Werra der Rennsteig, der wohl als der bekannteste und traditionsreichste Fernwanderweg Deutschlands gilt. Jahr für Jahr lockt er eine große Zahl an Wanderern an, die ihm in seiner ursprünglichen, bereits 1830 begangenen und beschriebenen Variante folgen möchten. Die rund 168 km lange Strecke führt von Hörschel an der Werra bis nach Blankenstein an der Selbnitz. Dazwischen werden die Bergrücken des Thüringer Waldes, des Thüringer Schiefergebirges sowie des nördlichen Frankenwaldes überquert. Eine Vielzahl an Informationen sowie praktischen Tipps und Hinweisen hat Thorsten Hoyer für seinen Rennsteig-Wanderführer zusammengetragen. Hintergrundinformationen über Geschichte, Geologie, Fauna und Flora ergänzen dieses OutdoorHandbuch (Band 113).

📖 Rennsteig, Thorsten Hoyer, Conrad Stein Verlag, ISBN 978-3-86686-113-8, € 12,90

Vorbei am Gasthaus „Tor zum Rennsteig" führt der Weg über die Werrabrücke und kurz darauf nach links weiter in die Spichraer Straße. Unter der gewaltigen Autobahnbrücke der A 4 hindurch gelangen Sie anschließend nach Spichra. Folgen Sie der Durchgangsstraße und biegen Sie im Ort rechts in Richtung Creuzburg ab. Ein paar Schritte weiter passieren Sie die kleine Kirche.

✞ Die Kirche wurde um 1750 erbaut. Zu den Besonderheiten zählen der Taufstein sowie die fünf Deckengemälde.

Kurz hinter dem Ortsausgang biegen Sie erneut nach rechts ab und folgen dem asphaltierten Weg vorbei am Sportplatz und an einer Schutzhütte bis nach Wilhelmsglücksbrunn.

🛏 Das Stiftsgut Wilhelmsglücksbrunn mit Biohotel, Restaurant & Café Saline ist nicht nur für eine Rast unbedingt zu empfehlen, es eignet sich darüber hinaus auch ganz vortrefflich als Etappenziel! ☎ 03 69 26/710 03 20,
📧 info@wilhelmsglueckbrunn.de, 💻 www.wilhelmsglueckbrunn.de, EZ ab € 59, DZ ab € 79. Das Restaurant wurde 2015 mit dem Slow-Food-Genussführer-Siegel ausgezeichnet!

Links sehen Sie bereits die Creuzburg und den gleichnamigen Ort. Kurz vor der Bundesstraße B 7 biegen Sie links ab. Sie gelangen zur Werra, gehen unter der Straßenbrücke hindurch und erreichen kurz darauf die Liboriuskapelle und die Werrabrücke.

✞ Die im Jahr 1499 erbaute Liboriuskapelle beherbergt Fresken aus dem Jahr 1520, die unter anderem die hl. Elisabeth darstellen. Leider sind diese (noch) in einem sehr schlechten Zustand. Das Äußere der über 500 Jahre alten Liboriuskapelle wird zurzeit aufwendig restauriert, eine Besichtigung ist durch Baugerüste und Abdeckungen nur eingeschränkt möglich. Einhergehend mit der Restaurierung wird wissenschaftlich untersucht, ob und wie die stark beschädigten Fresken im Innern der Kapelle gerettet werden können.

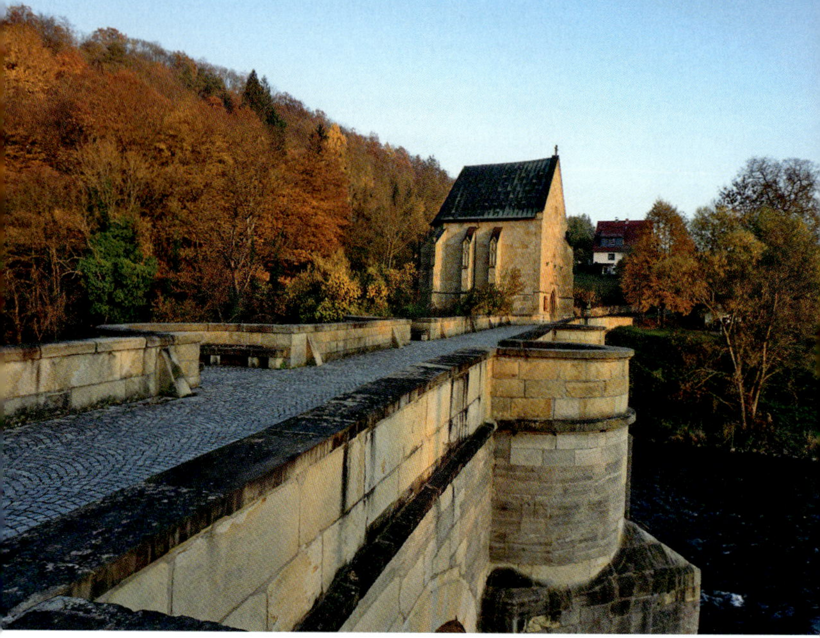

Die Werrabrücke und die Liboriuskapelle

Die Werrabrücke ist eine 86 m lange Natursteinbrücke, die Landgraf Ludwig IV. 1223 erbauen ließ. Sie wurde erst 1986 „außer Dienst" gestellt.

Gehen Sie über die Werrabrücke und folgen Sie nach dem Überqueren der Zufahrtsstraße dem Fußweg. Die Zufahrtsstraße wird ein weiteres Mal überquert. Die Eisenacher Straße führt Sie geradeaus bis zur Ortsmitte mit der Nicolaikirche und verschiedenen Unterkunftsmöglichkeiten.

Creuzburg ✉ 99831 ✆ 03 69 26

- **i** 💻 www.creuzburg-online.de
- 🛏 Hotel & Restaurant Auf der Creuzburg, Burgberg 1, ☎ 713 04, ✉ mail@burg-creuzburg.de, 💻 www.burg-creuzburg.de, EZ € 50, DZ € 80
- ♦ Hotel & Restaurant Alte Posthalterei, Am Plan 1, ☎ 60 14, ✉ info@c-hap.de, 💻 www.c-hap.de, EZ € 57,50, DZ € 85
- ♦ Pension & Gaststätte Klostergarten, Klosterstraße 34, ☎ 903 00, ✉ info@klostergarten-creuzburg.de, 💻 www.klostergarten-creuzburg.de, EZ € 20, DZ ab € 40

♦ Gasthaus Torklause, Bahnhofstraße 8, ☏ 822 86, ✉ info@torklause.de, 💻 www.torklause.de, EZ € 35, DZ € 60
♦ Haus Kühmstädt, Michael-Praetorius-Platz 5, ☏ 823 34 und 📱 01 73/757 96 65, ✉ haus-kuehmstaedt@t-online.de, 💻 www.creuzburg-online.de/kuehmstaedt/, EZ ab € 25, DZ ab € 50
♦ Pension Heinemann, Bahnhofstraße 35, ☏ 823 68, 823 20 und 📱 01 71/464 62 30, ✉ su_heinemann@web.de, 💻 www.creuzburg-online.de/heinemann/, EZ ab € 20, DZ ab € 40
♦ Haus Reinhardt, Burgstraße 3, ☏ 906 58 und 📱 01 74/335 90 67, ✉ haus-reinhardt@creuzburg-online.de, Preise bitte anfragen
♦ Pilgerherberge: Evangelisch-Lutherisches Pfarramt, Klosterstraße 12, ☏ 824 59, ✉ pfarramt-creuzburg@freenet.de, 6 Schlafplätze auf Anfrage

🚌 Von Creuzburg aus bestehen von Montag bis Freitag stündlich Busverbindungen mit den Linien 75 und 170 zum Busbahnhof nach Eisenach. Samstags gibt es deutlich weniger Verbindungen und sonntags fährt nur die Linie 170 3-4x. Die Fahrzeit beträgt jeweils 30 Min.

✞ Die ev. Stadtkirche, Nicolaikirche, wurde etwa Ende des 12. Jh. erbaut, der Turm aber erst zu Beginn des 15. Jh.

⌘ Die mittelalterliche Burganlage gehört heute zu den bedeutsamsten romanischen Burgen. Baubeginn der Burg war im Jahre 1165, die Bauzeit betrug rund fünf Jahre. Die Burgmauern haben einen Umfang von 340 m, die davon eingeschlossene Fläche beträgt 7.400 m^2.

Als Residenz des Ludowinger Adelsgeschlechts erlebte die Burg im 12. und 13. Jahrhundert ihre Hochzeit. Für Elisabeth von Thüringen war die Creuzburg der bevorzugte Aufenthaltsort, 1222 erblickte hier ihr erstes Kind, ihr Sohn Hermann, das Licht der Welt. Auch später erhielt die Burg Besuch vieler bedeutender Persönlichkeiten wie Luther, Goethe und Napoleon. 1572 wurde hier der Komponist Michael Praetorius geboren.

Heute laden ein Hotel und Restaurant auch zu einem längeren Aufenthalt auf der Burg ein. Des Weiteren sind eine Töpferei und das Heimatmuseum mit Elisabeth-Kemenate und der Praetorius-Stube hier beheimatet.

Der sehr schöne Innenhof mit Barockgarten, Burgbrunnen und der mehrere Hundert Jahre alten Linde bilden ein herrliches Ambiente, speziell auch für Hochzeiten - das Standesamt ist gleich vor Ort!

2. Etappe: Creuzburg - Röhrda

19,3 km ca. 5 Std. 15 Min. ⇧ 196 m bis 358 ↑ 335 m ↓ 223 m

0,0 km	⇧ 196 m	Creuzburg Marktplatz
5,7 km	⇧ 304 m	Willershausen
9,1 km	⇧ 234 m	Ifta
12,7 km	⇧ 295 m	Lüderbach
16,6 km	⇧ 304 m	Netra
19,3 km	⇧ 296 m	Röhrda

Vor der Etappenbeschreibung eine nicht unwichtige Information vorweg: Sie sind fast ausschließlich auf Asphalt unterwegs, lediglich ca. 3 km der Wegstrecke verläuft auf Feld- und Wiesenwegen.

Die zweite Etappe starten Sie direkt auf der Creuzburg.

Vom Zufahrtsweg zur Burg schwenken Sie nach links in die Bahnhofstraße ein. Nach ca. 130 m gehen Sie nach links unter der Bundesstraße 7 hindurch und halten sich gleich nach der Brücke rechts auf einen Wirtschaftsweg. Dem mit etwas Abstand parallel der Werra verlaufenden, asphaltierten Weg folgen Sie beständig. An der Rückseite einer Tankstelle vorbei, passieren Sie wenig später das Werksgelände (und Unternehmenssitz) einer Firma, die weltweit Buchenschnittholz exportiert. An einem parkähnlich angelegten Gelände wandern Sie über den Bach Ifta nach rechts und lassen damit die Werra zurück.

Wenige Schritte nach dem Queren der Ifta trennt sich der Weg der Jakobspilger erstmals vom Elisabethpfad. Der Weg der Jakobspilger führt nach rechts

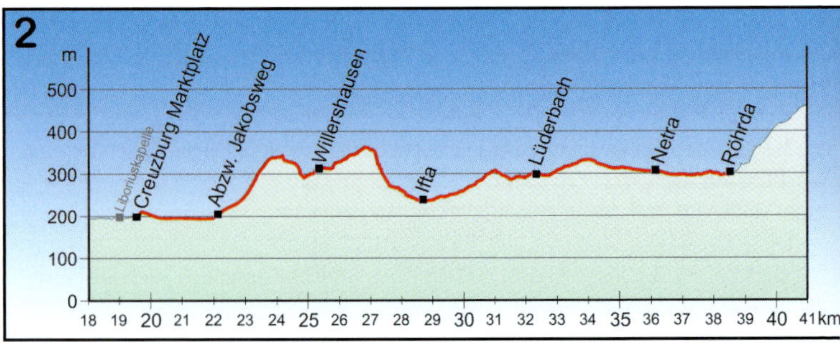

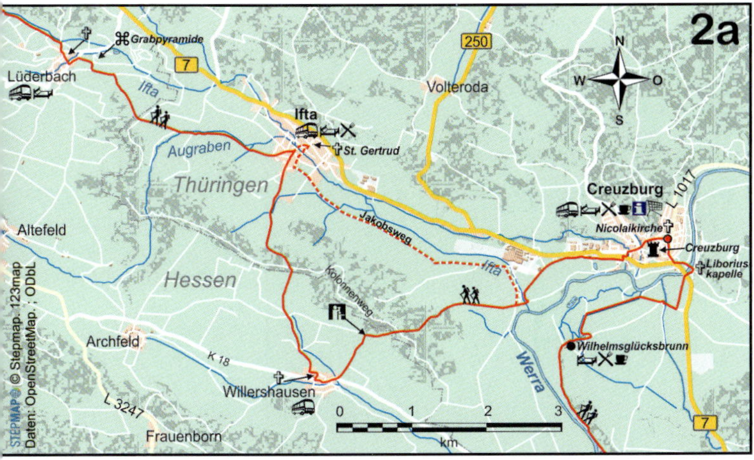

parallel zum Bach Ifta in die gleichnamige Ortschaft. Der Elisabethpfad führt weiter geradeaus in das Dorf Willershausen. Diese ca. 2 km längere Strecke ist aufgrund der schönen Willershäuser Kirche, des Denkmals an der ehemaligen innerdeutschen Grenze und nicht zuletzt wegen der naturnahen Streckenführung deutlich attraktiver.

Damit beginnt ein rund 2 km langer Anstieg (mit 140 Höhenmetern). Fast am Ende der Steigung treffen Sie im Wald schon bald auf die ehemalige innerdeutsche Grenze. Von dem einstigen sogenannten Todesstreifen ist heute nicht mehr viel zu sehen, die Natur hat sich inzwischen viel zurückgeholt. Gut zu erkennen ist aber noch der ehemalige Kolonnenweg, der seinerzeit von den DDR-Grenztruppen zur Überwachung der Grenzanlagen genutzt wurde. An dieser Stelle erinnert heute ein Denkmal an die menschenverachtende Grenze – und mahnt.

Damals Todesstreifen, heute Grünes Band (💻 www.erlebnisgruenesband.de)! Vom Denkmal können Sie der markierten Wanderroute auf dem Kolonnenweg nach rechts durch den Wald folgen. Nach rund 1,9 km trifft sie oberhalb der Ortschaft Ifta wieder auf den Elisabethpfad (Abkürzung von ca. 1,9 km).

Queren Sie den Kolonnenweg und wandern Sie geradewegs aus dem Wald. Am Ende des Waldrandes stehen Sie auf einer Anhöhe, wo Sie einem asphaltierten Weg links nach Willershausen folgen.

Von der Anhöhe haben Sie nicht nur einen schönen Blick auf Willershausen: Zur Linken blicken Sie auf den Thüringer Wald mit dessen zweithöchstem Berg, dem 917 m hohen Großen Inselsberg. Auch die Wartburg ist noch mal auszumachen.

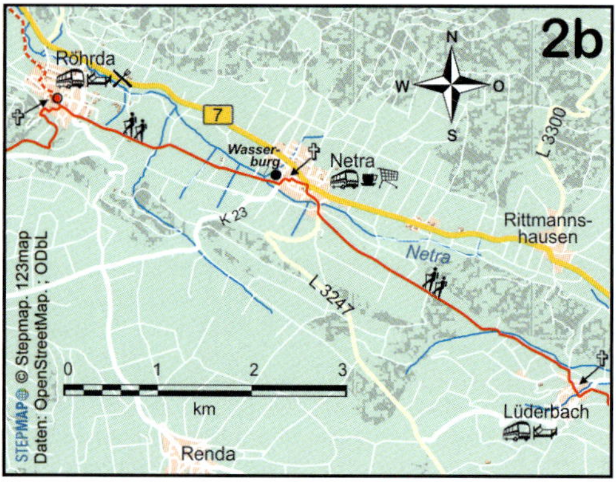

Sobald der asphaltierte Weg eine 90° Linkskurve macht, steigen Sie auf einem Wiesenweg hinab in den Ort. Biegen Sie rechts ab in die Pferdsdorfer Straße. Sie passieren die ehemalige Gaststätte Wartburgblick und biegen an der Kirche (teilweise vermutlich aus dem 13. Jh.) nach rechts in den Oberen Bergring ein.

An der T-Kreuzung hinter der Kirche gehen Sie links in den Kastanienweg. Es folgt eine weitere T-Kreuzung, an der Sie nach rechts in die Iftaer Straße schwenken, kurz darauf halten Sie sich an der Weggabelung rechts. Entlang von Feldern und Wiesen führt der asphaltierte Weg in den Wald, wo Sie wieder auf den Kolonnenweg und somit auf das Grüne Band stoßen. Auf dem mit Betonplatten versehenen Weg wandern Sie mit Blick auf einen ehemaligen Wachturm abwärts nach Ifta.

Über die Willershäuser Straße gehen Sie in den Ort. Sie passieren eine Schule und zweigen kurz darauf nach links in die Augasse ab, die Sie wieder aus Ifta hinausführt. Wollen Sie die Kirche St. Gertrud besuchen, folgen Sie der Willershäuser Straße über den Bach Ifta und gehen zur Straße Am Markt/Kasseler Straße.

Gasthaus Zum roten Hirsch, 99831 Ifta, Kasseler Straße 10, ☏ 03 69 26/905 62, ab € 22 pro Pers.

♦ Pilgerherberge sommers in der Pfarrscheune, 99831 Ifta, Eisenacher Straße 9, Kontakt über Bärbel Glock (Pilgerbeauftragte), ☏ 03 69 26/905 12

✞ Die ev. Kirche St. Gertrud stammt aus dem frühen 18. Jh. und wurde im Innern künstlerisch gestaltet.

Mit dem Ortsende geht die Austraße in einen asphaltierten Wirtschaftsweg über, dem Sie unablässig bis ins Dörfchen Lüderbach folgen. Kurz vor Lüderbach biegen Sie an einer T-Kreuzung links ab. Sie kommen nun direkt an einer markanten Grabpyramide vorbei, die Sie wohl bereits einige Hundert Meter zuvor entdeckt haben dürften. An der Kreisstraße (Altefelder Straße) biegen Sie nach links ab und erreichen Lüderbach. Im Ort gehen Sie rechts über die Brücke in die Eichenbergstraße. Nach einem kurzen Anstieg erreichen Sie die Kirche. Sehenswert ist der Schnitzaltar, der geschätzt wohl um das Jahr 1500 hergestellt worden sein dürfte.

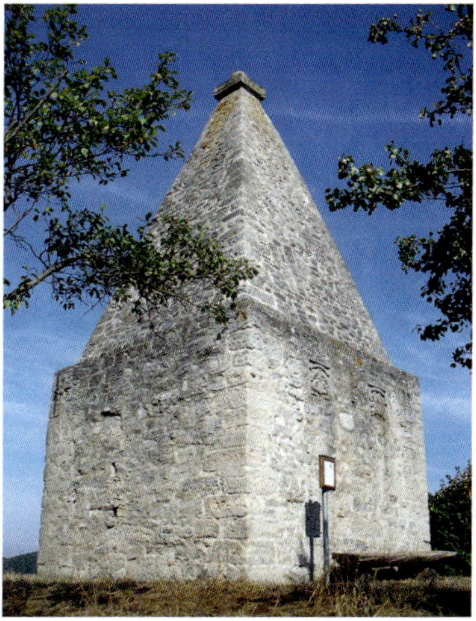

Grabpyramide

i 💻 www.luederbach.de

🛏 Pilgerherberge im evangelischem Gemeindehaus, 37296 Lüderbach, Eichenbergstraße 18, Kontakt über Herrn Reiner Methe, ☏ 056 59/75 78

Etwa 50 m nach der Kirche verlassen Sie das Dorf nach rechts und biegen an der nahen Kreuzung links auf einen Wirtschaftsweg Richtung Netra ab. Den Ort erreichen Sie nach rund 3,5 km.

🛏 Pilgerherberge im evangelischem Gemeindehaus, 37296 Netra, Landstraße 7, Kontakt über Evangelisches Pfarramt, ☏ 056 59/3 22, ✉ netra@kirchenkreis-eschwege.de und Frau Jutta Frey, ☏ 056 59/383 sowie Frau Anna-Katharina Böckel, 📱 01 72/483 72 00

♦ Privatzimmer Anneliese Bernhardt, 37296 Netra, Brauhausstraße 17, ☏ 056 59/923 90 44 oder 📱 01 79/100 96 61, ✉ voan.bernhardt@t-online.de, € 20 pro Pers.

Am Ortseingang von Netra biegen Sie nach rechts in die Brauhausstraße ab. Folgen Sie ihr bis zu einer Kreuzung (trifft hier auf die Bundesstraße 7) und biegen Sie nach links in die Obergasse ab. Auf der linken Seite befindet sich ein nahkauf-Laden mit kleiner Bäckerei, kurz darauf stehen Sie vor der Kirche. Die Obergasse geht hier in die Schlossstraße über.

✞ Auffallend ist der wuchtige Kirchturm aus dem 15. Jh. mit seinen fünf Türmen, der der Bevölkerung als Wehrturm diente.

Am Ortsausgang folgt der Elisabethpfad der Kreisstraße 23 Richtung Grandenborn; auf der rechten Seite rückt eine Wasserburg in den Blick. Unmittelbar hinter dem wuchtigen Gebäude folgen Sie einem Wirtschaftsweg nach rechts. Nach ca. 2,3 km erreichen Sie Röhrda. Am Ortseingang von Röhrda queren Sie die Ringgaustraße (Durchgangsstraße) und gehen geradeaus in die Netergasse. Nach knapp 200 m zweigt der Elisabethpfad links ab in die Straße Aschenborn. Gehen Sie geradeaus weiter, gelangen Sie nach wenigen Metern zur Kirche.

✞ Die mächtige Kirche, ihre ursprüngliche Funktion als Wehrkirche ist deutlich erkennbar, geht auf das 14. Jh. zurück. Der gotische Westturm trägt einem Fachwerkaufsatz (um 1700). Das Fenster über dem Altar fällt aufgrund seiner Gestaltung ins Auge.

Ab dem Abzweig Aschenborn ist die Markierung erklärungsbedürftig: Die Straße zur Kirche wurde ebenfalls mit dem Elisabethpfad-Logo versehen – und auch wieder zurück bis zum Abzweig Aschenborn. Kommt man aus Richtung der Kirche, ist an dem Abzweig die Markierung nur nach einigem Suchen zu finden.

☺ Der Weg der Jakobspilger verlässt vor der Kirche den Elisabethpfad, führt die Straße bergab zum Bach Netra und auf einem Wirtschaftsweg über Datterode nach Wichmannshausen, wo er an der Kirche wieder auf den Elisabethpfad trifft.

Beide Wege sind mit rund 8 km gleich lang. Der Elisabethpfad ist aufgrund des Anstieges zur Boyneburg (ca. 270 Höhenmeter) zwar etwas anstrengender, aber durch Wald mit naturnahen Pfaden, der Aussicht vom Berg und der Ruine Boyneburg ein abwechslungsreiches Landschaftserlebnis. Der Weg der Jakobspilger hingegen verläuft weiter auf Asphaltwegen, teilweise nahe der Bundesstraße B 7.

Röhrda

37296 ✆ 056 59

i www.roehrda.de

Die genannten Übernachtungsbetriebe befinden sich in der Ringgaustraße, die Sie am Ortseingang querten. Je niedriger die Hausnummer, desto weiter folgen Sie der Straße. Der Landgasthof Untermühle befindet sich gegenüber der Pension Iris.

🛏 Landgasthof Zur Untermühle, Dienstheim 1, ☎ 71 72, ✉ zur-untermuehle@web.de, 💻 www.zur-untermuehle.de, EZ € 55, DZ ab € 75, 🚪 Restaurant Fr und Sa ab 17:00, So 11:30 bis 14:00

♦ Pension Iris, Ringgaustraße 4, ☎ 73 24, ✉ info@pension-iris.de, 💻 www.pension-iris.de, EZ ab € 31, DZ ab € 54, Service für Wanderer: Wäsche waschen € 4, trocknen € 2, Essenbestellung bei Pizzeria Rialto (wer sich bereits unterwegs Appetit holen will: 💻 www.ristoranterialtoeschwege.de)

♦ Pension Eisenträger, Ringgaustraße 9, ☎ 12 91,

♦ Pension Strube, Ringgaustraße 17, ☎ 14 46

🚌 Mit der Buslinie 240 zum Bahnhof Eschwege und von dort mit den Bussen der Linie 170 zum Busbahnhof Eisenach. Die Fahrzeit inkl. 1 Std. Aufenthalt in Eschwege beträgt rund 3 Std. Es gibt zudem Verbindungen mit der Buslinie 240 nach Wichmannshausen, von dort mit der Linie 250 zum Bahnhof nach Herleshausen, von wo aus gute Bahnanbindungen nach Eisenach bestehen. Die Fahrzeit beträgt insgesamt etwa 2 Std. 30 Min. Montag bis Freitag gibt es ausreichend Verbindungen, Samstag und Sonntag weniger und in Wichmannshausen muss das Anruf-Sammel-Taxi bestellt werden. An Wochenenden bietet sich zudem die Buslinie 240 zum Bahnhof Eschwege an, von dort geht es mit der Bahn über Bebra (umsteigen) nach Eisenach.

Die Untermühle in Röhrda

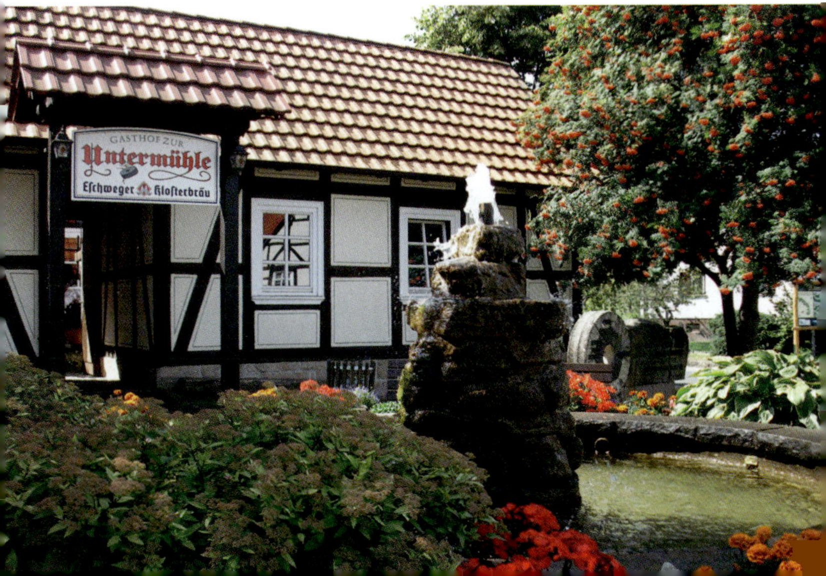

3. Etappe: Röhrda - Waldkappel

23,6 km ca. 6 Std. 45 Min. ⇧ 188 m bis 508 m ↑ 593 m ↓ 650 m

0,0 km	⇧ 296 m	Röhrda
5,1 km	⇧ 508 m	Ruine Boyneburg
8,6 km	⇧ 212 m	Wichmannshausen
11,3 km	⇧ 189 m	Hoheneiche
17,1 km	⇧ 398 m	Alpstein
18,4 km	⇧ 239 m	Kirchhosbach
23,6 km	⇧ 232 m	Waldkappel BANK

Von der Kirche kommend, biegen Sie rechts in die Straße Aschenborn ein und an deren Ende nach links in das Sträßchen Ditterstal. Sie verlassen Röhrda auf einem Wirtschaftsweg. An der nächsten T-Kreuzung biegen Sie rechts ab und nehmen Kurs auf einen Wald, an dessen Saum der Elisabethpfad auf die Kreisstraße 24 trifft. Unmittelbar vor der Straße halten Sie sich auf den nach rechts knickenden Pfad.

Für rund 360 m wandern Sie parallel zur Kreisstraße und biegen am Ende einer leichten Steigung nach rechts auf einen Wiesenweg ein. Ein Feldweg führt Sie mit Blick auf das Dorf Grandenborn sowie bei guter Sicht auf den markanten „Monte Kali" am Waldrand entlang.

Der umgangssprachlich als Monte Kali oder auch Kalimandscharo bezeichnete künstliche Berg ist eine Abraumhalde des Kalibergbaus. Seit 1973 wurden hier

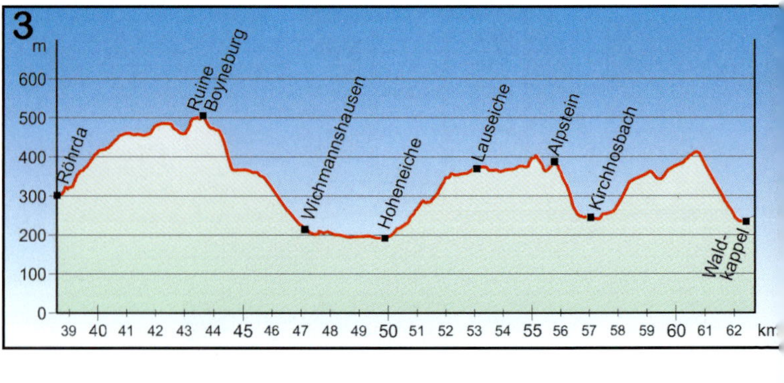

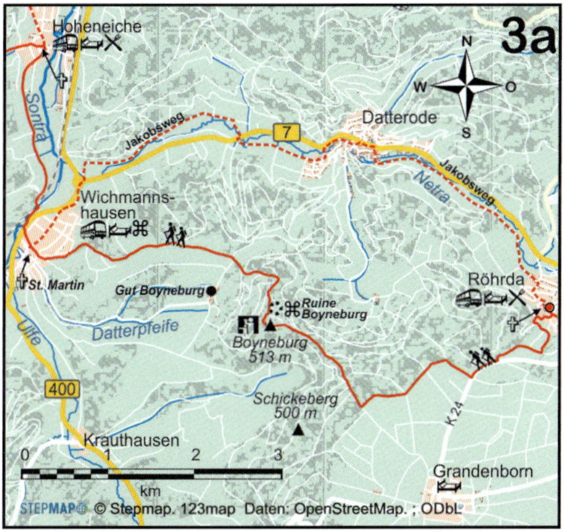

etwa 150 Millionen Tonnen Salz auf rund 200 m Höhe aufgeschüttet und täglich wächst der Berg weiter.

☺ Bis zu einem Abzweig kurz nach der Ruine Boyneburg können Sie sich nun zusätzlich an den regelmäßigen Markierungen P13 orientieren. P13 bezeichnet eine von aktuell 20 EntdeckerTouren im Naturpark Meißner-Kaufunger Wald. Der sprichwörtliche Höhepunkt dieses als Premiumweg zertifizierten Rundweges ist die Ruine Boyneburg.

Sie treffen auf einen Asphaltweg, der zur Linken ins rund 1,2 km entfernte Grandenborn führt.

🛏 Gaststätte Der Teichhof, Am Teich 5, 37296 Ringgau-Grandenborn, ☏ 056 59/810 und 921 30, 💻 www.derteichhof.de, Preise auf Anfrage. Verkauf von nordhessischen Wurstspezialitäten.

Biegen Sie rechts ab in Richtung Boyneburg. Nun sind Sie in einem schönen Buchenwald auf zum Teil schmalen, naturnahen Pfaden unterwegs - eine der landschaftlich schönsten Passagen auf dem Elisabethpfad.

Kurz vor der Boyneburg treffen Sie auf eine große Lichtung, einige Schritte darauf eröffnet sich Ihnen eine großartige Aussicht auf den Hohen Meißner.

⌘ Die Ruine der Boyneburg befindet sich auf dem gleichnamigen Berg auf 513 m Höhe. Die erste urkundliche Erwähnung der Burg lässt sich auf das Jahr 1107 datieren. Der deutsche Kaiser Friedrich I., Barbarossa, brach 1189 von hier zum dritten Kreuzzug auf, auf dem er im darauffolgenden Jahr starb. Im Dreißigjährigen Krieg wurde die Burg geplündert und zerstört und schließlich als Steinbruch genutzt.

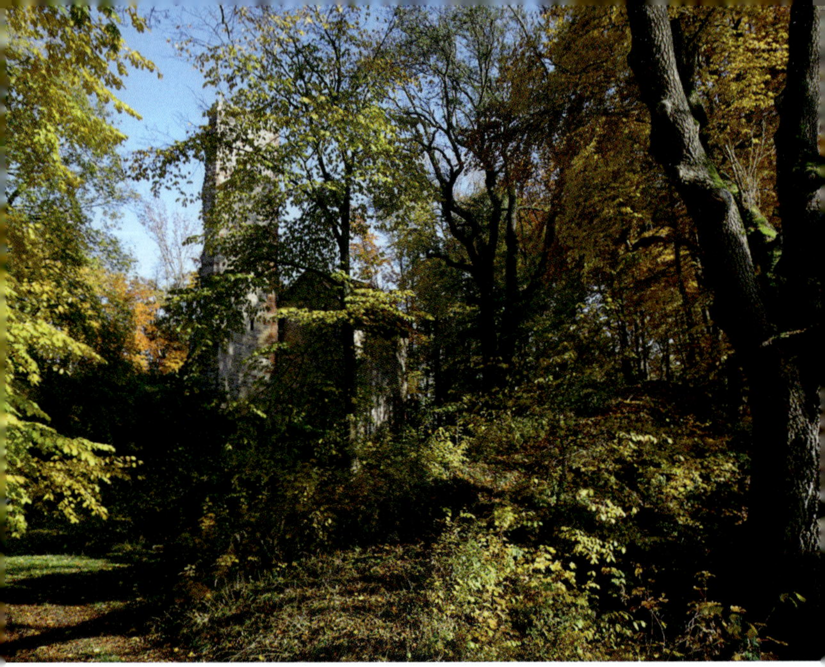

Boyneburg

Auf der Burg wird jedes Jahr an Himmelfahrt gefeiert. Im Mittelpunkt stehen dabei ein Gottesdienst und das Verteilen von Brot an die Besucher. Dieser Brauch geht auf die Sage des „Fräulein von Boyneburg" aus dem Werk „Die deutschen Sagen" der Brüder Grimm zurück. Dieser Sage nach lebten auf der Burg drei Schwestern. Die Jüngste war während eines Gewitters geboren worden und sie träumte, dass sie auch bei einem Gewitter sterben würde. Eines Tages zog ein mächtiges Gewitter auf, das mehrere Tage und Nächte tobte und große Schäden anrichtete. Die jüngste Schwester erzählte ihren Schwestern von ihrem Traum. Die Schwestern wollten das Leben der Jüngsten retten und begaben sich nach draußen zum Gebet. Das Gewitter tobte aber weiter. Nun ging die Jüngste selbst hinaus und betete, dass sie ihr eigenes Leben hergäbe, wenn dadurch das Unwetter weichen würde. Ein Blitz traf sie und so schnell wie sie selbst verschwand, beruhigte sich auch das Wetter.

Etwa 400 m nach der Ruine beschreibt der Weg eine Linkskurve und führt bergab (hier trennt sich der P13). Nach etwa 200 m zweigt der Elisabethpfad vor einer leichten Rechtskurve auf einen Pfad nach rechts ab!

Der Pfad bringt Sie zu einem Weg, dem Sie nach links bergab und bald aus dem Wald heraus folgen. Dann halten sie sich an einem kurzen Waldrand links auf einen Feldweg, der Sie abwechselnd entlang von Feldern und kleinen Waldflächen führt. Auf einem Schotterweg, der im weiteren Verlauf in Asphalt übergeht, gelangen Sie bergab zu einer Grillhütte. Queren Sie den Platz und wandern Sie auf einen Pfad nach Wichmannshausen in die Sandgasse.

🛏 Pilgerherberge im Evangelischem Gemeindehaus neben der Kirche, Kontakt über Frau Helga Größler, ☏ 056 58/548 und Frau Irmtraud Hildebrandt, ☏ 056 58/297

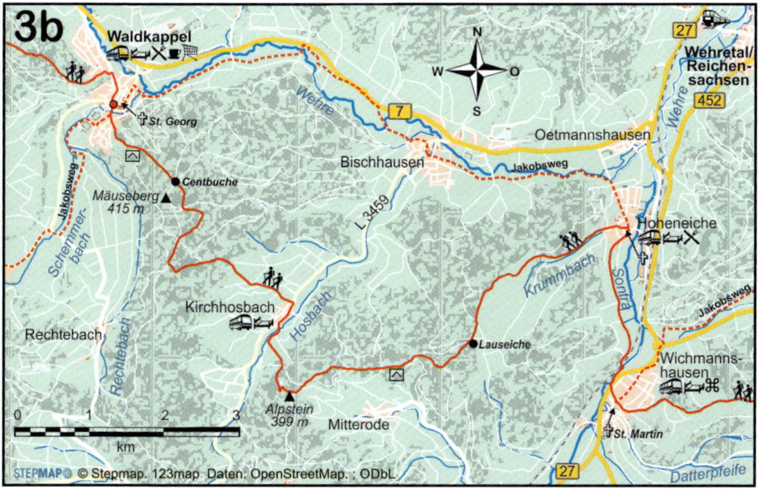

Kurz vor der Durchgangsstraße führt der Elisabethpfad nach rechts in die Straße Am Anger und weiter zur Kirche. Hier trifft der Weg der Jakobspilger wieder auf den Elisabethpfad. Beide Wege führen auf knapp 3 km gemeinsam nach Hoheneiche, um sich dort erneut für ein kurzes Stück zu trennen.

✝ Die aus dem 13. Jh. stammende Martinskirche beeindruckt mit ihren Wandmalereien.

Entlang des Alten Boyneburger Schlosses (Heimatmuseum 💻 www.museum-wichmannshausen.de, 🚪 1. Mai bis 30. September 1. und 3. So 15:00 bis 17:00) kommen Sie zur Eschweger Straße, zur St. Martin-Kirche sind es ein paar

Schritte nach links. Sie folgen der Mühlgasse geradeaus, unterqueren die Bundesstraße 27, gehen nach etwa 300 m über den Bach Sontra und folgen dem Elisabethpfad unter einer Eisenbahnbrücke hindurch zur Kirche in Hoheneiche.

i www.hoheneiche.net

Am Ortseingang von Hoheneiche lädt der Sommergarten zu einer Rast ein, ☎ 056 58/17 39, www.sommergarten-hoheneiche.de, Mi, Fr und Sa 15:00 bis 22:00 und So 11:00 bis 22:00

Haus Blumenstiel, 37287 Hoheneiche, Schanze 1, ☎ 056 58/384 und 01 60/99 61 20 31, unterkunft@hoheneiche.net, € 22 pro Person

✝ Teile der Kirche stammen aus dem 12. Jh. Der einstige Eingang ist an der rechten Seite der Kirche noch erkennbar und wird als Elisabeth-Portal bezeichnet.

Kirche in Hoheneiche

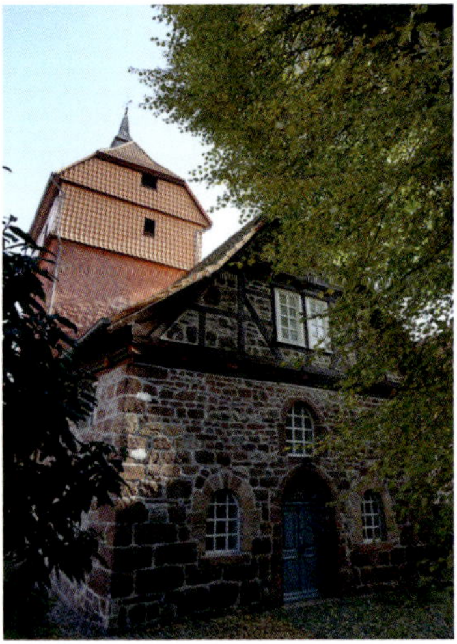

Hinter der Kirche führt der Elisabethpfad nach links in die Enge Gasse. Der Weg der Jakobspilger verläuft auf einem Radweg geradeaus im Wehretal über Bischhausen nach Waldkappel. Auch hier ist die schöne, waldreiche, ca. 3 km längere Wegeführung des Elisabethpfades wesentlich attraktiver als der asphaltierte Weg der Jakobspilger.

Entlang der Engen Gasse passieren Sie einen kleinen Brunnen und den Friedhof und wandern parallel zum Krummbach, bis sich zur Linken eine Wiesenfläche ausbreitet. Hier wechseln Sie nach rechts auf den leicht ansteigenden Waldweg und spazieren bald über eine baumlose Fläche zu einem gepflegten Rastplatz, von dem Sie zum Boyneburg-Gipfel schauen. Der Weg steigt zum Waldrand hin noch etwas an. Am Ende der Steigung halten Sie sich an einer Weggabelung links und treffen an einer Kreuzung auf die sogenannte Lauseeiche sowie ein großes Holzkreuz. Der Elisabethpfad zweigt direkt vor dem Kreuz nach links ab. An der nächsten Kreuzung biegen Sie rechts ab. Im Wald führt ein Weg halb rechts ab, kurz darauf queren Sie einen Weg und folgen einem naturnahen Pfad geradeaus. Schon bald

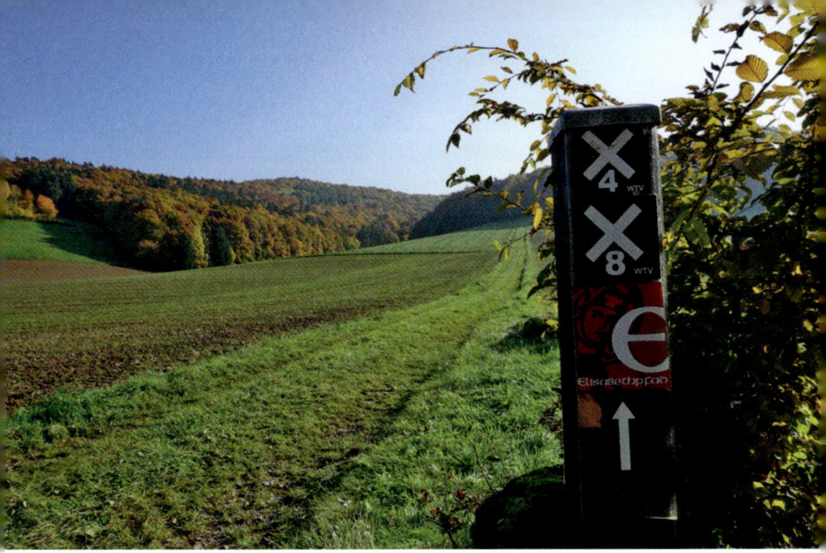

Zwischen Alpstein und Kirchhosbach

haben Sie einen schönen Blick auf die Ortschaft Mitterode. Ein Wegweiser „Hütte und Aussicht 600 m“ weist Sie über einen Schotterweg, nach ca. 150 m biegen Sie rechts auf einen Pfad ein.

Der schöne Pfad führt Sie hinauf zu einer neu errichteten Schutzhütte, von der Sie einen kurzen Abstecher auf die 399 m hohe Basaltkuppe Alpstein unternehmen können. An der Hütte vorbei beginnt der kräftige Abstieg und bald können Sie die Felswand von unten betrachten. Am Waldrand gehen Sie an einem Wasserbassin vorbei und steigen auf einem Wiesenweg zu einem Wirtschaftsweg und dem Hosbach ab. Nach rechts abgebogen, erreichen Sie Kirchhosbach. Entlang der Peter-Grieß-Straße spazieren Sie zur Kirche und weiter zum Ortsausgang, wo Sie nach links in die Robert-Koch-Straße abbiegen.

🛏 Familie Dahl & Pobering, 37284 Kirchhosbach, Peter-Grieß-Straße 39,
☏ 056 58/92 34 63, ✉ kara-kul@web.de

Ein zunächst noch asphaltierter Weg führt zwischen Feldern hinauf zum Waldrand, wo Sie nicht nur auf einen Hochsitz, sondern auch auf die „Steinwolken“ stoßen. Ab hier verläuft der Elisabethpfad auf dem Barbarossaweg X 8 – und damit auch entlang des Kunstwanderwegs **„Ars Natura“**. Die „Steinwolken“ wurde von dem Künstler Alf Becker aus Allendorf/Lumbda geschaffen.

Der Barbarossaweg ist ein über 300 km langer Fernwanderweg, der durch den Nordosten von Hessen und Thüringen führt. Er verbindet Korbach im Westen, Frankenau, Bad Wildungen, Fritzlar, Melsungen, Spangenberg, Waldkappel, Wichmannshausen, Röhrda, Treffurt, Heyerode, Mühlhausen, Sondershausen und Bad Frankenhausen mit dem Kyffhäusergebirge, wo er am Kyffhäuser-Denkmal im Osten endet. Er verläuft durch eine abwechslungsreiche Mittelgebirgslandschaft, die in weiten Teilen ihren naturnahen Charakter behalten hat, und berührt zahlreiche noch gut erhaltene mittelalterliche Orte, von denen einige von Kaiser Friedrich I., Barbarossa, während seiner Regentschaft besucht wurden.

ARS NATURA: Kunst am Wanderweg im „Galerieraum Natur“

Die Grundidee des Projektes ARS NATURA ist die Einrichtung von Kunstpfaden auf ca. 700 km entlang der Fernwanderwege X8, von Korbach zum Kyffhäuser, und X3, von Höxter nach Bad Brückenau. Erholung durch Wandern und intensives künstlerisches Erlebnis im "Galerieraum Natur" sollen zusammenwirken, daher ist etwa pro Kilometer die Installation eines Werkes geplant.

Die aus ökologischen Materialien hergestellten künstlerischen Arbeiten sind thematisch natur- und ortsbezogen und kommen durch ihre jeweils spezifische landschaftliche Umgebung besonders zur Geltung - Wechselbeziehungen entstehen. Im Gegensatz zur Enge der Museen ist hier die landschaftsbezogene Streuung das künstlerische Präsentationsprinzip in Entsprechung zum Charakter des ländlichen Raumes. Barbarossaweg und Wildbahn verbinden unterschiedliche Landschaften und Regionen in vier Bundesländern: Von Höxter nach Bad Brückenau führt die Wildbahn von Nordrhein-Westfalen, Hessen durchquerend, nach Bayern. Der Barbarossaweg verbindet Korbach mit dem Kyffhäuser in Thüringen. Die übergeordnete Motivation des Projektes ARS NATURA ist der Gedanke der unmittelbaren Naturverbundenheit der Kunst.

Folgende Motive schließen sich an:

- ▷ Mit Kunst in der Landschaft bedeutende Orte und Spuren der Geschichte menschlichen Lebens wiederzubeleben.
- ▷ Über das Erlebnis des Wanderns und Radfahrens das Gefühl für Vielfalt und Weite von Natur und künstlerischen Ideen zu aktivieren.
- ▷ Durch ausgewählte Standorte der Kunstwerke die Schönheit und Vielfalt von Natur und Region zu verdeutlichen.
- ▷ Den Zusammenhang von Kultur und Natur konkret erfahrbar zu machen.
- ▷ Erholung und Anregung im Zusammenspiel von Kunst und Natur zu ermöglichen und zur Entschleunigung beizutragen.
- ▷ Länder und Regionen verbindende künstlerisch-kulturelle Impulse zu geben.

ARS NATURA soll auf einer Strecke von 700 km zu einem Gesamtkunstwerk mit internationaler Beteiligung und weltweiter Beachtung werden.

Im Wald halten Sie sich nach etwa 100 m an einer Weggabel links und folgen dem Waldweg zu einer rund 700 m entfernten Kreuzung, an der zur Linken Eugen Mahlers (aus dem nahen Morschen) „Muschel-Mond“ schimmert. Gehen Sie nach rechts zu einer nächsten nahen Kreuzung, an der Sie erneut rechts abbiegen.

☺ Anstatt dem breiten Waldeg nach rechts zu folgen, können Sie sich auch von der Markierung P17 leiten lassen. Der Premiumwanderweg EntdeckerTour Waldkappeler Berge führt durch den Wald über den Mäuseberg mit dem 19 m hohen Pionierturm (Aussichtsturm) und trifft an der Wegekreuzung Centbuche wieder auf den Elisabethpfad. Diese unwesentlich längere Wegeführung ist die deutlich attraktivere.

Sie passieren das Werk „Ohne Titel“ von Paulo Boer aus Herford. Einige Meter weiter wurden von Carola Lantermann aus Witzin die „Federn im Wind“ in den Baum gehängt. Das nächste Werk, „Ereigniskette“, schuf Susanne Albrecht aus Herford. Sie erreichen eine große Kreuzung mit der Centbuche und dem Werk „... und es schneit“ von Jürgen Raiber (Mölbis).

ARS NATURA „... und es schneit“ von Jürgen Raiber

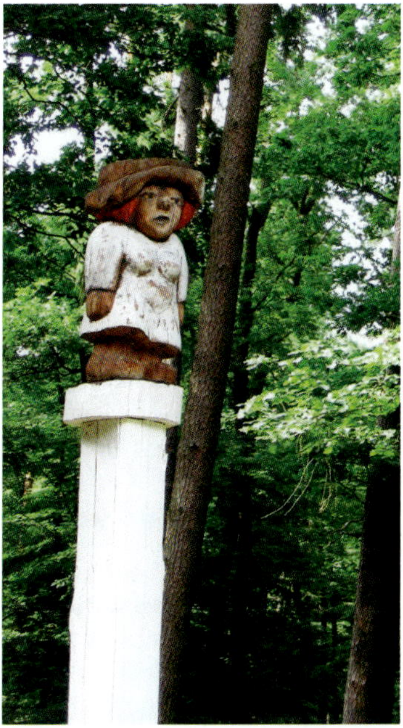

„Frau Holle - eine hier ins koboldhaft geratene Märchengestalt der gütigen Frau. Eine Standfigur, die hauptsächlich durch Gesicht und verhaltene Körperbewegung auszudrücken scheint: Fleiß wird belohnt, Faulheit bestraft. Ihr erhöhter Standort deutet die himmlische Sphäre an, in der sie agiert, ihr Hut macht sie allerdings auch skurril und menschlich. Diese Figur ist das Pendant zu den im Bereich Hessisch Lichtenau unter dem Titel „Zu Besuch bei Frau H.“ installierten Figuren des Künstlers.“
Quelle: 💻 www.ars-natura-stiftung.de

Nun folgen Sie dem Elisabethpfad bergab, vorbei am „Ist und Werden" des Heilbronner Künstlers Wolfgang Folmer, und gelangen kurz nach einer Schutzhütte auf der Straße An der Trift nach Waldkappel. Spazieren Sie die Braugasse rechts hinunter. Kurz nach einem Feuerwehrstützpunkt überqueren Sie die Durchgangsstraße (Leipziger Straße). Die Markierung des Elisabethpfades weist nach links, nach rechts sind es nur mehr ein paar wenige Schritte zum Kirchplatz mit der evangelischen St. Georgs-Kirche.

✞ Ältester erhaltener Teil der ev. Kirche ist der Turm vom Ende des 14. Jh. Durch Kriege und Unglücke wurde die Kirche mehrfach schwer in Mitleidenschaft gezogen. Die kath. Elisabethkirche stammt aus dem Jahr 1956.

Hier kreuzen sich Elisabethpfad und der Weg der Jakobspilger. Unmittelbar hinter dem Feuerwehrstützpunkt zweigt nach links in Richtung Campingplatz der von der St. Georg-Kirche kommende Weg der Jakobspilger ab. Er führt zunächst entlang des Schemmerbaches durch die Ortschaften Friemen, Burghofen (Landhotel Zum Stern) und Schemmern, dann geht es durch ein Waldstück nach Bischofferode und entlang des Baches Pfieffe durch das gleichnamige Dorf bis nach Spangenberg. Auch hier sind beide Wege mit etwa 19 km gleich lang. Von Spangenberg bis Homberg/Efze verlaufen beide Wege dann wieder gemeinsam.

Waldkappel — 37284 ✆ 056 56

- www.waldkappel.de
- Gästezimmer Fam. Schmiedeck, Am Wehrberg 36, ☏ 681
- ♦ Ferienwohnung Brandau, Am Wehrberg 29, ☏ 10 81 und 01 51/50 54 79 08, brandau.waldkappel@t-online.de
- ♦ Gästezimmer Fam. Seibold, Am Sportplatz 13, ☏ 41 96
- ♦ Ferienwohnung Fam. Aha, Am Sportplatz 16, ☏ 42 98, aha-waldkappel@t-online.de
- ♦ Ferienwohnung Fam. Blumenstein, Friedrich-Ebert-Straße 14, ☏ 41 98 (ab 17:00) und 01 60/446 27 57
- ♦ Ferienwohnung Wolke, Leipziger Straße 16, ☏ 92 20 22
- ♦ Pilgerherberge im Evangelischen Gemeindehaus, Kirchplatz 4, ☏ 382
- ☺ Kaffeestübchen gegenüber der St. Georg-Kirche, ☏ 056 56/92 33 33, Mo bis Fr 6:00 bis 13:00 und 15:00 bis 18:00 (nicht Mi), Sa 6:00 bis 12:00, So 7:30 bis 11:00

Zum Zeitpunkt der Überarbeitung für diese 2. Auflage war in Waldkappel mit Ausnahme der Pilgerherberge keine Übernachtungsmöglichkeit zu bekommen. Durch den Bau der (durch Planungszeit und Kosten als weltweit teuerste Autobahn „berühmt-berüchtigten") Bundesautobahn 44 sind die wenigen Quartiere an Monteure vermietet. Bis zur Fertigstellung des hiesigen Abschnittes werden wohl noch Jahre ins Land gehen. 🛏 Zum Übernachten bietet sich aber eine empfehlenswerte Möglichkeit im rund 5 km entfernten Ortsteil Burghofen:

🛏 Landhotel Zum Stern, Thüringer Straße 20, ☏ 056 56/40 14, ✉ info@erlebnishotel.de, 💻 www.erlebnishotel.de, EZ ab € 59, DZ ab € 84. Taxiservice bieten die in Waldkappel ansässigen Unternehmen Rückbrodt, ☏ 555 und Sparr ☏ 923 02 78. Ein Transfer kann evtl. auch seitens des Hotels arrangiert werden, einfach mal anfragen.

🚌 Montag bis Samstag mit der Buslinie 200 zur Bahnhaltestelle Wehretal-Reichensachsen, ab hier bestehen Bahnverbindungen über Bebra (umsteigen) nach Eisenach. Für die Fahrt müssen rund 3 Std. eingeplant werden. Sonntags fährt die Buslinie 200 zum Bahnhof nach Eschwege, von dort weiter mit der Linie 170 zum Busbahnhof Eisenach. Darüber hinaus gibt es noch weitere Möglichkeiten, die jedoch dreimaliges Umsteigen erfordern.

Evangelische Kirche in Waldkappel

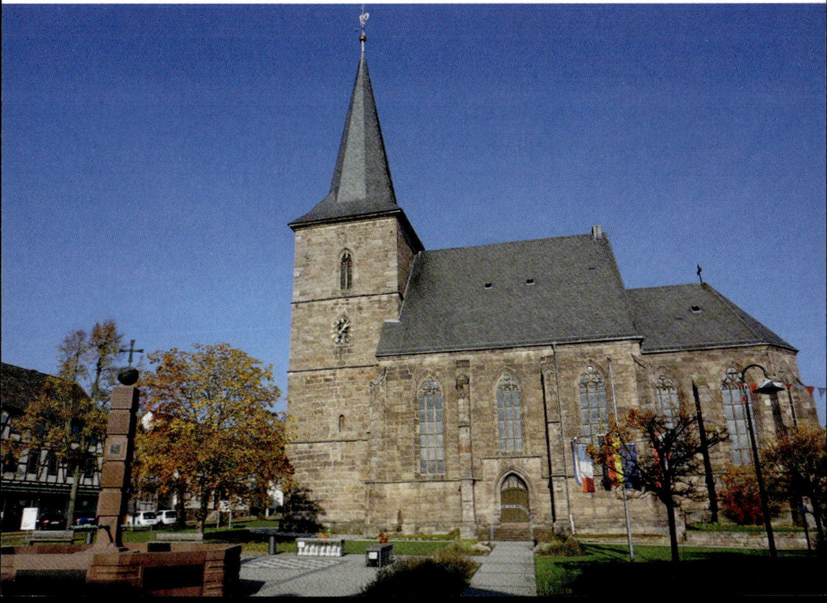

4. Etappe: Waldkappel - Spangenberg

20,9 km ca. 5 Std. 45 Min. 233 m bis 532 m ↑ 436 m ↓ 411 m

0,0 km	232 m	Waldkappel
6,7 km	474 m	Aussicht Kloster Marienheide
9,5 km	446 m	Reichenbach
13,8 km	466 m	Parkplatz Wickersröder Höhe
20,9 km	259 m	Spangenberg Markplatz

Die Wanderung nach Spangenberg beginnt an der St. Georg-Kirche. Die Leipziger Straße nach rechts entlang, biegen Sie gleich nach rechts in die Hindenburgstraße ab. Hinter der Eisenbahnbrücke (nicht mehr in Betrieb) zweigen Sie links in die Rue de Carhaix und kurz darauf erneut links in die Bergstraße ab, der Sie bis zum Friedhof folgen. Unmittelbar nach dem Friedhof weisen Ihnen Elisabethpfadlogo sowie die Markierung X8 (Barbarossaweg) den Weg nach rechts. Bis Spangenberg sind Sie somit weiterhin auch auf dem Ars Natura unterwegs, der nun auf fast seiner gesamten Länge ausschließlich durch dichte Wälder führt.

Sie passieren den „Holle-Brunnen" der Spangenberger Künstlerin Karin Lina Adam. An der nächsten Kreuzung folgen Sie der Markierung „Ars Natura" halb links bergauf. Das nächste Kunstwerk ist Eckard Krummels (Waldkappel) Interpretation eines „WUNDER-Baum". Der Weg führt auf einem teilweise naturnahen Pfad auf den 461 m hohen Taufstein, wo das Werk „li-la-lux Selma hat Geburtstag" von Elke Teuber aus Kaufungen auf Sie wartet.

Nun folgen Sie der Route wieder abwärts und biegen auf den nach links abzweigenden Weg. An der kurz darauf folgenden Gabelung halten Sie sich wieder links. Dabei ziehen die mit weißer Farbe an Buchen gepinselten Sprüche die Aufmerksamkeit auf sich. Der Künstler Christian 3Rooosen (Hamburg) möchte damit nach eigener Aussage „die Beziehung zwischen Mensch und Natur ad absurdum führen". Nehmen Sie sich etwas Zeit dafür und lassen Sie die Sprüche in dieser Umgebung auf sich wirken. Sie queren einen breiten Schotterweg und folgen dem geradeaus führenden Waldweg vorbei an der Installation „Hörner im Zeichen Feuer, Luft, Erde, Wasser" von Yasemin Yilmaz (Hannover). Waren die vier Hörner vor noch nicht sehr langer Zeit auf der Lichtung mit einem Blick zu erkennen, muss man heute näher treten und sie zwischen Bäumen suchen. Auch das ist ein Gedanke von Ars Natura und speziell bei diesem Werk zeigt sich, wie Kunst ein Teil der Elemente ist bzw. zu deren Teil wird.

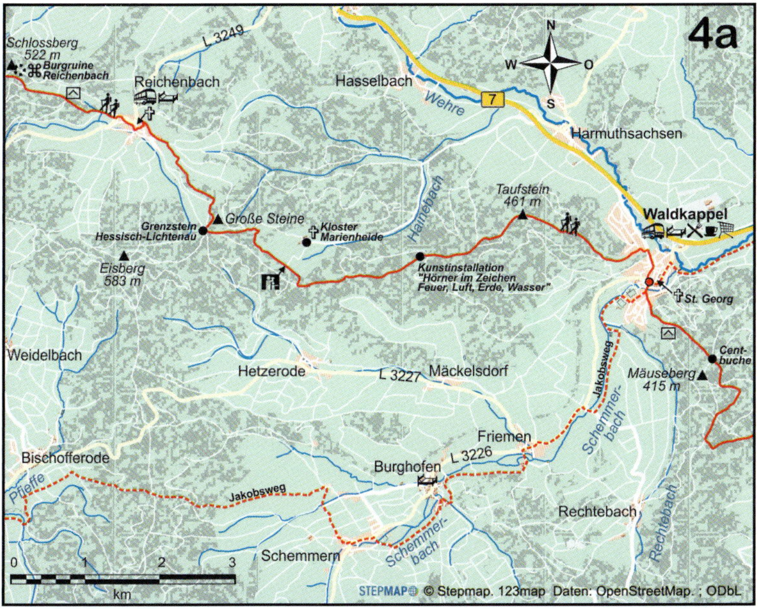

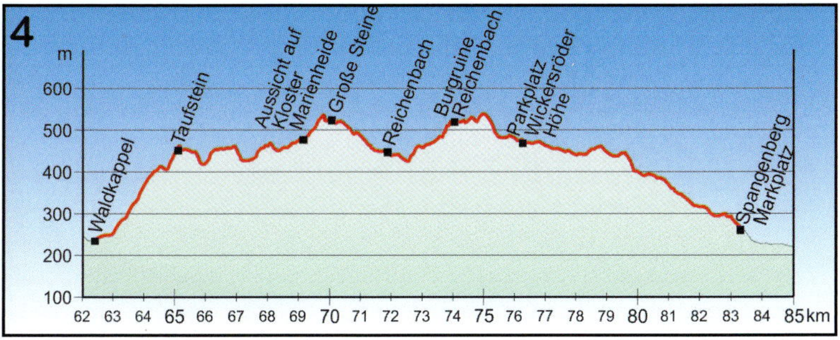

Sie erreichen eine T-Kreuzung und biegen links ab. An der nächsten Weggabelung gehen Sie geradeaus weiter; folgen Sie nicht dem scharf nach links abknickenden Weg. Sie treffen auf eine über dem Boden „schwebende" Schale. Ars Natura bietet nicht ausschließlich anerkannten Künstlern einen natürlichen Raum, einbringen können und sollen sich auch Kinder und Jugendliche. Wie etwa die

Freiherr-vom-Stein-Schule aus Hessisch Lichtenau, deren Schüler hier fragen „Was wird sich zeigen?". Etwa 10 Minuten später verlässt der Elisabethpfad den Wanderweg X8 und den Ars Natura für rund 1,6 km. Nun halten Sie sich rechts und wandern entlang des Waldrandes über eine Wiesenfläche hin zu einem großen Kreuz. Von dieser Anhöhe haben Sie einen herrlichen Blick in das schmale Hainebachtal – und auf das Kloster Marienheide.

✞ Das einsam gelegene ehemalige Rittgergut Wollstein bietet die idealen Bedingungen für die Schwestern der „Monastischen Ordensfamilie von Bethlehem, der Aufnahme Mariens in den Himmel und des heiligen Bruno". Nach dem Umzug des Klosters aus der Lüneburger Heide im Jahr 2000, hier rührt der Name „Marienheide" her, entsteht in dem verwaisten, einstmals kleinsten Dorf Hessens dieses in Deutschland einmalige spirituelle Zentrum.

💻 www.bethleem.org

Vom Kreuz auf der Anhöhe gehen Sie geradewegs über die Wiese, nach rund 500 m stehen Sie wieder auf dem mit X8 markierten Wanderweg. Nach rechts abgebogen, passieren Sie die „Lichtgestalt" des Kaufungeners Jochen Guinand.

Blick Richtung Reichenbach

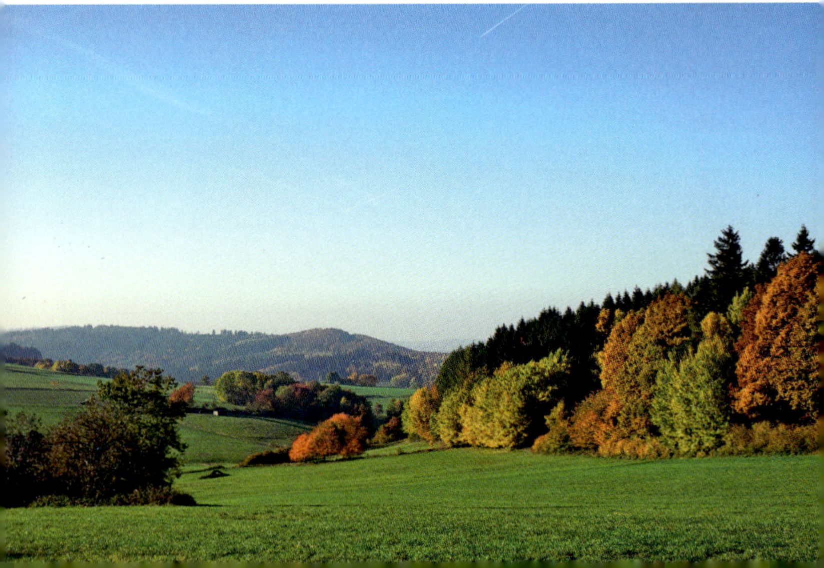

Kurz danach folgen Sie der Markierung nach links. Am Waldrand fällt ein nicht zu übersehender Grenzstein der Stadt Hessisch-Lichtenau auf. Hier gehen Sie nach rechts auf einem asphaltierten Weg zum angrenzenden Haus der Jugend. Vom Parkplatz führt der Elisabethpfad geradeaus über eine Wiese links am Gebäude vorbei. Sie erreichen einige markante Felsen, die „Großen Steine". Direkt vor einem Bolzplatz wenden Sie sich nach links und wechseln ein paar Meter weiter rechts auf einen Weg, der Sie durch ein schmales Waldstück führt. Am Waldrand erreichen Sie ein einzeln stehendes Haus und folgen dem asphaltierten Weg, vorbei an Said Tabibs (Lübbecke) „Sieben Wolken", bergab nach Reichenbach.

Am Ortsrand gehen Sie an der Weggabelung nach rechts in die Straße Hinter der Mauer. An der nächsten Kreuzung biegen Sie links ab in die Straße Zum Tor. Zur Kirche sind es nur noch ein paar wenige Schritte.

In Reichenbach

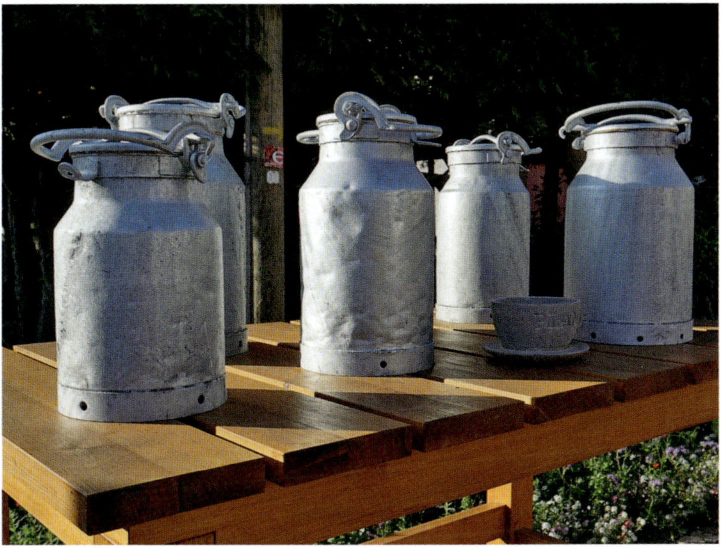

ℹ 💻 www.reichenbach-hessen.de

🛏 Wanderreitstation Brown Horses Ranch, 37235 Reichenbach, Klosterstraße 18, ☎ 056 02/91 68 23, 💻 www.brown-horses-ranch-reichenbach.de, EZ € 45, DZ € 80, Schlafplätze ohne Dusche € 7

🛏 Pilgerherberge im Pfarr- und Gemeindehaus, 37235 Reichenbach, Frau Pfarrerin Holzapfel, ☏ 056 02/15 02

♦ Vereinsheim des Burgvereins, 37235 Reichenbach, Ortsvorsteherin Frau Osigius-Koch, ☏ 056 02/66 69, 💻 www.burgverein-reichenbach.de; auf Anfrage

✝ Die ereignisreiche Geschichte der Kirche reicht bis ins 9. Jh. zurück. Im Besitz des Deutschen Ordens erlangte sie große Bedeutung. Zum Ende des 18. Jh. war die Kirche fast verfallen, konnte vor dem geplanten Abriss aber glücklicherweise bewahrt werden.

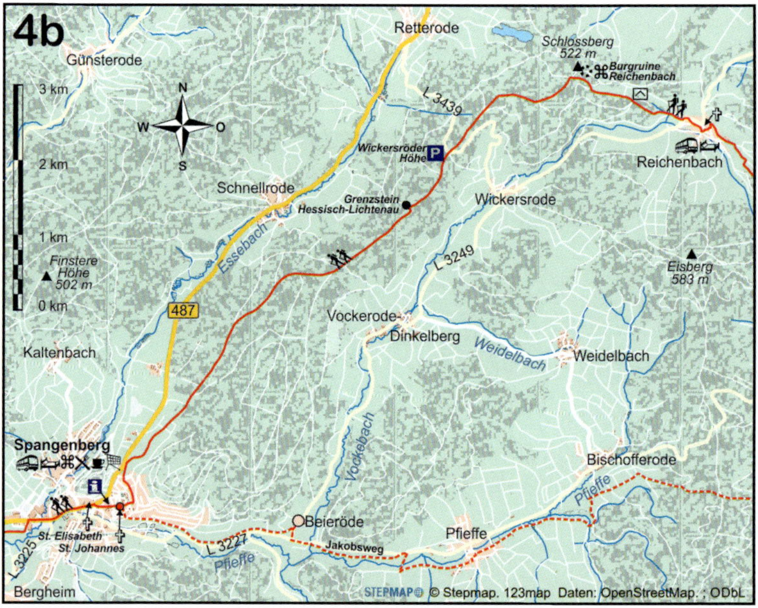

Von der Kirche führt der Elisabethpfad eine Treppe hinunter, an deren Ende Sie sich rechts halten. Die Schlossstraße bringt Sie zur Klosterstraße (Durchgangsstraße), der Sie nach links ein kurzes Stück folgen. Gegenüber dem Haus Nr. 25 biegen Sie rechts in die Straße Neumarkt ein. Wieder nur einige Meter weiter wenden Sie sich an einer Kreuzung nach links in Richtung Burgruine Reichenbach. Ein ansteigender Schotterweg führt Sie in den Wald bis zu einer großen Kreuzung. Hier befinden sich eine Schutzhütte, ein mit Tischen und Bänken ausgestatteter Rastplatz sowie zwei Skulpturen: Jürgen Reiberts (Leipzig/Mölbris) „Besuch bei Frau H". Der Elisabethpfad folgt dem nach links ansteigenden Weg.

↳ Rechts führt ein ca. 130 m kurzer Pfad hinauf zum 522 m hohen Schlossberg, auf dessen Plateau Sie der Burgruine Reichenbach einen Besuch abstatten können. Der Bergfried dient als Aussichtsturm, von dem Sie einen weiten Blick zum Kaufunger Wald und zum Hohen Meißner haben.

☺ Bis Spangenberg sind links und rechts des Weges über 20 weitere Kunstwerke zu entdecken. Da dieser Streckenabschnitt landschaftlich keine besonderen Abwechslungen bietet, kann sich für die einzelnen Kunstwerke die notwendige Zeit genommen werden. Bei so machen Exponaten liegen Kunst und Spiritualität vielleicht enger zusammen, als es sich beim ersten Betrachten darstellen mag. Als besonders passend für die Umgebung sei das „Baumbuch" des Borkener Künstlers Halvor Machmor erwähnt.

Sie erreichen den Parkplatz „Wickersröder Höhe", auf dessen Höhe eine Landstraße überquert werden muss. An der Weggabelung mit einem Hessisch Lichtenauer Grenzstein halten Sie sich links. Der Elisabethpfad führt nun beständig geradeaus. Sobald Sie aus dem Wald heraustreten, blicken Sie auf das Städtchen Spangenberg mit dem darüber thronendem Schloss. Entlang von Wiesen passieren Sie noch drei weitere Kunstwerke.

Mit der Straße Zum Großen Stein erreichen Sie Spangenberg. An der ersten Kreuzung spazieren Sie geradeaus und folgen der Straße Unterhain, die Sie bis zum Altstadtrand bringt. Die Straße Unterhain geht in die Straße Brauhausplatz über. Vorbei an der evangelischen Stadtkirche sind es nur noch ein paar Schritte bis zum Marktplatz. An der Stadtkirche trifft der Weg der Jakobspilger wieder auf den Elisabethpfad und beide verlaufen nun gemeinsam bis Homberg/Efze.

✞ Baubeginn der ev. Stadtkirche war im 13. Jahrhundert, die Bauzeit zog sich bis ins 15. Jahrhundert hinein. Geweiht wurde sie Johannes dem Täufer.

Die Kirche St. Elisabeth wurde im 14. Jahrhundert als Teil eines Hospitals errichtet und fungiert noch heute als soziale Einrichtung. Über dem Altar ist ein Bildnis der hl. Elisabeth zu sehen.

Spangenberg ✉ 34286 ✆ 056 63

i Stadt- und Touristinformation, Rathausstraße 7, ☏ 50 90 40 und 50 90 41, 💻 www.spangenberg.de, Mo bis Fr 8:00 bis 12:00, Mo und Di 14:30 bis 16:30 und Do 14:40 bis 18:00

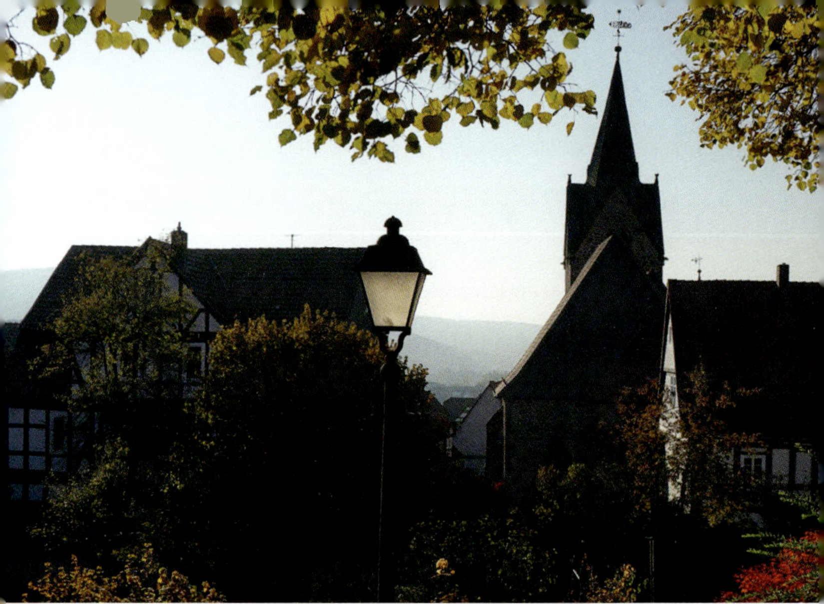

Spangenberg

- Hotel Schloss Spangenberg, www.spangenberg-hotel.de. Nach mehrjähriger Schließung und grundlegender Sanierung des Schlosses soll das Hotel im Juni 2017 wieder öffnen.
- ♦ Berggaststätte Liebenbach, Am Liebenbach 12, ☏ 376, berggaststaette@aol.com, www.berggaststaette-liebenbach.npage.es, EZ ab € 25, DZ € 50. Unmittelbar vor dem historischen Stadtturm (Eingang zur Altstadt) gehen Sie nach links in die Karl-Engelhardt-Straße, der sich bald die Straße Am Liebenbach anschließt (insgesamt ca. 300 m).
- ♦ Gästezimmer Fam. Fassold, Brückenstraße 11, ☏ 70 31, EZ € 23, DZ € 46; ehemaliges Gasthaus Essestuben im direkt angrenzenden Ortsteil Elbersdorf. Etwa 250 m entfernt gibt es ein sehr preisgünstiges Asia-Bistro.
- ♦ Privatzimmer Fam. Klingenberg, Von-Müldner-Straße 1, ☏ 70 15, ab € 25 pro Person
- ♦ Privatzimmer Fam. Wiegand, Am Steinkopf 18, ☏ 12 45, ab € 20 pro Person
- Montag bis Freitag gibt es zahlreiche Abfahrten mit dem Bus der Linie 400 vom ZOB zum Bahnhof ins nahe Melsungen. Von dort bestehen gute Anschlussverbindungen. An den Wochenenden fährt kein Bus, alternativ steht aber das AST (Anruf-Sammel-Taxi) zur Verfügung.

5. Etappe: Spangenberg - Malsfeld

11,8 km ca. 3 Std. 167 m bis 263 m ↑ 33 m ↓ 96 m

0,0 km	259 m	Spangenberg
4,5 km	197 m	Mörshausen Kirche
6,8 km	208 m	Adelshausen Siedlerplatz
9,9 km	175 m	Domäne Fahre
11,8 km	170 m	Malsfeld

Vor der Kirche gehen Sie rechts in die Rathausstraße, die im weiteren Verlauf in die Klosterstraße übergeht. An der Kreuzung in Höhe der Sparkasse biegen Sie links ab und passieren die St. Elisabeth-Kirche (leider nicht geöffnet).

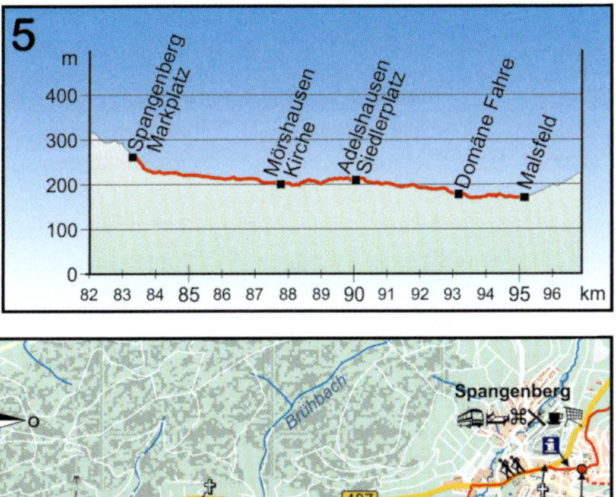

Folgen Sie der Durchgangsstraße bis zum Ortsausgang und biegen Sie nach links zum REWE-Markt ab. Am Supermarkt vorbei halten

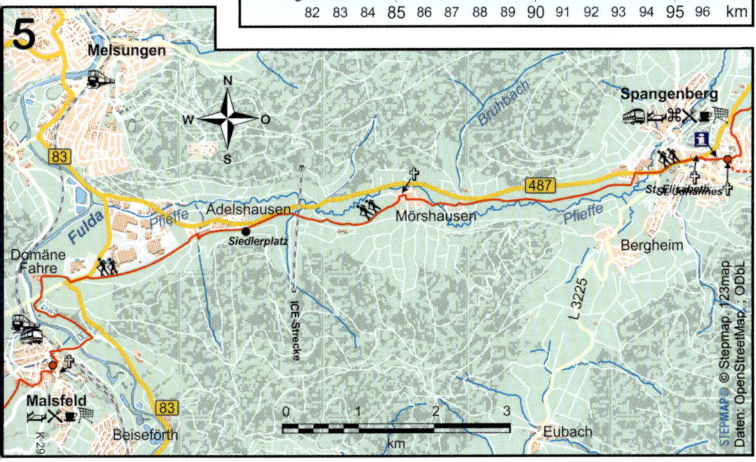

Sie sich rechts, passieren die Kläranlage und wandern auf dem asphaltierten Radweg R12. Am Ortseingang von Mörshausen folgen Sie dem Weg nach links, überqueren den Bach Pfieffe und gehen durch das Dorf, bis Sie rechts die Straße Zum Schöneberg erreichen, über die Sie zur Kirche gelangen.

✞ Die Kirche wurde 1209 erstmals urkundlich erwähnt. Sehenswert ist die wesentlich später entstandene Rundsäule mit einem Schmerzensmann-Relief.

Vor der Kirche biegen Sie links in die Pfarrstraße ab und gehen kurz darauf an der Kreuzung erneut nach links und gleich wieder rechts. Sie passieren einen landwirtschaftlichen Betrieb und folgen weiter dem Radweg R12 in Richtung Melsungen.

Kurz vor der großen ICE-Brücke wendet sich der ausgeschilderte, leicht ansteigende Radweg nach links. An der Kreuzung unmittelbar unter der Brücke gehen Sie geradeaus weiter.

Kurz vor Adelshausen erreichen Sie den Siedlerplatz, einen sehr schönen Rastplatz. Der Elisabethpfad führt zunächst ein Stück am Ortsrand entlang, um dann an einer Wegekreuzung nach rechts in den Ort abzuknicken. Kurz darauf folgen Sie dem Elisabeth-Logo nach links in den Auweg und bald vorbei am Werksgelände des Pharmaunternehmens B. Braun Melsungen AG. Sie erreichen die Bundesstraße 83, der Sie ein Stück nach links zu einem nahen Kreisverkehr folgen. Hier überqueren Sie die Bundesstraße und gehen geradeaus hinab zur Domäne Fahre, unterqueren eine Autobrücke und passieren mit dem Radweg eine Kläranlage. Parallel zur Fulda wandern Sie zu einem Sportplatz, wo Sie nach rechts auf eine Kreisstraße (Lindenstraße) einbiegen.

Sie überqueren die Fulda und erreichen **Malsfeld**. Kurz nach einer Eisenbahnbrücke halten Sie sich an der Kreuzung links in die Industriestraße, die zur im Jahr 1854 erbauten Kirche führt. An der Kreuzung zweigt nach rechts der Sandweg ab, auf dem es etwa 350 m bis zum nahen Bahnhof sind.

ℹ 💻 www.malsfeld.net

🛏 Landhotel Jägerhof, 34323 Malsfeld, Kirchstraße 1, ☎ 056 61/21 55, ✉ jaegerhof_mattern@t-online.de, 💻 www.jaegerhof-malsfeld.de, EZ ab € 42, DZ € 70, 3-Bett-Zimmer € 90, 4-Bett-Zimmer € 100. Gutbürgerliche hessische Küche, Spezialität sind Wildgerichte aus eigener Jagd.

♦ Pilgerherberge im Gemeindehaus, € 5 pro Person, Schlafsack und Isomatte notwendig, Kontakt über Pfarramt ☎ 056 61/21 74

Zwischen Malsfeld und Melsungen verkehren täglich zahlreiche Züge. Von Montag bis Freitag ergänzt zudem die Buslinie 490 etwa 8x täglich die Anbindung an den Melsunger Bahnhof. Verbindungen nach Eisenach bestehen stündlich mit Umsteigen in Bebra.

6. Etappe: Malsfeld - Homberg/Efze

18,2 km ca. 5 Std. 170 m bis 404 m ↑ 401 m ↓ 301 m

0,0 km	170 m	Malsfeld
6,9 km	275 m	Ostheim
11,7 km	328 m	Hombergshausen
13,9 km	402 m	Segelflugplatz Mosenberg
18,2 km	270 m	Homberg (Efze) Marktplatz ⌘

Gestartet wird die Etappe in der Kirchstraße direkt am Landhotel Jägerhof (befindet sich an der Ecke Steinweg) bzw. an der nur ein paar Schritte entfernten Kirche. Sie biegen in den Steinweg (Durchgangsstraße K29) nach links ein und folgen der Straße bis zum Ortsausgang. In der Kurve gehen Sie rechts in die Straße Weihersgrund und zweigen nach rund 200 m links zwischen zwei Gehöften auf einen zunächst asphaltierten Wirtschaftsweg ab.

Beständig geradeaus erreichen Sie eine Kreisstraße, die Sie rechts nach Dagobertshausen führt. Gegenüber der Kirche setzen Sie Ihre Wanderung auf der Straße Homberger Weg fort.

✞ Die auffällig große, etwa 600 Jahre alte Wehrkirche zeigt an den Außenwänden interessante Details wie z. B. Plastiken und Reliefs. In der Kirche können Sie sich mit Getränken versorgen und Notizen an der Gebetswand hinterlassen. Eine schöne Idee ist der Setzkasten: Sie können ein kleines Andenken mit auf den Weg nehmen, im Gegenzug lassen Sie eine Kleinigkeit für andere da, Mai bis Oktober 9:00 bis 18:00.

Für eine Übernachtung stellt das ev. Pfarramt (Pfarrerin Frau Bingel, Hilgershäuser Straße 5, ☎ 056 61/26 41) einen kleinen Wohnwagen zur Verfügung. Schließlich liegen bis zur Elisabethkirche in Marburg noch 95,82 km vor Ihnen oder 2.275 km bis Santiago de Compostela – so der hiesige Wegweiser.

Kurz darauf queren Sie die Höhenstraße nach rechts und folgen dem Homberger Weg zum Dorfrand. An der hiesigen Weggabelung halten Sie sich rechts und passieren das Schützenvereinsheim. Der Elisabethpfad führt Sie entlang des Waldrandes, von wo Sie weit ins Kurhessische Bergland blicken.

Spätestens wenn Sie nach rechts in den Wald einbiegen, macht sich unüberhörbar die Autobahn A 7 bemerkbar; kurz darauf wird sie überquert. An der nächsten Weggabelung halten Sie sich rechts und gehen parallel zum Bach Rhünda auf einem asphaltierten Wirtschaftsweg nach Ostheim. Am Ortsrand schwenken Sie in Höhe der Landstraße auf einen Schotterweg nach rechts ein. Der anschließenden Rittergasse folgend, gelangen Sie zur Sipperhäuser Straße (Durchgangsstraße). Nach links spazieren Sie zum Dorfplatz, wo Sie in die Mosheimer Straße abbiegen.

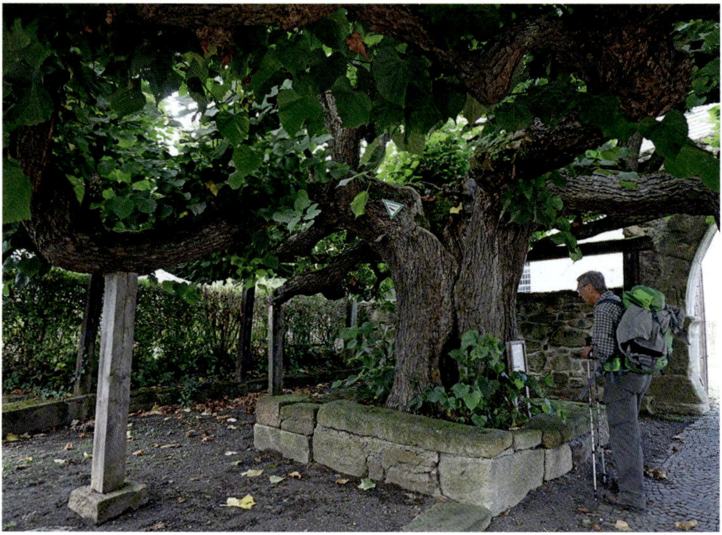

1.000 Jahre alte Linde vor der Kirche in Ostheim

Nach etwa 200 m treffen Sie am Abzweig der Straße Lindenring auf die Herberge am Lindenring (☎ 01 62/684 82 36, herberge@lindenring.de, www.lindenring.de, EZ € 20, DZ € 36, Frühstück € 6 pro Person). Der Elisabethpfad führt zur nahen Kirche, vor der die ausladenden Äste der ca. 1.000 Jahre alten Linde ein dichtes Blätterdach bilden. Hinter der Kirche steht das ehemalige Hirtenhaus, ein kleines, grundsaniertes Fachwerkhaus. Nun wird der Markierung geradeaus zum Bruchweg und damit zum Ortsausgang gefolgt.

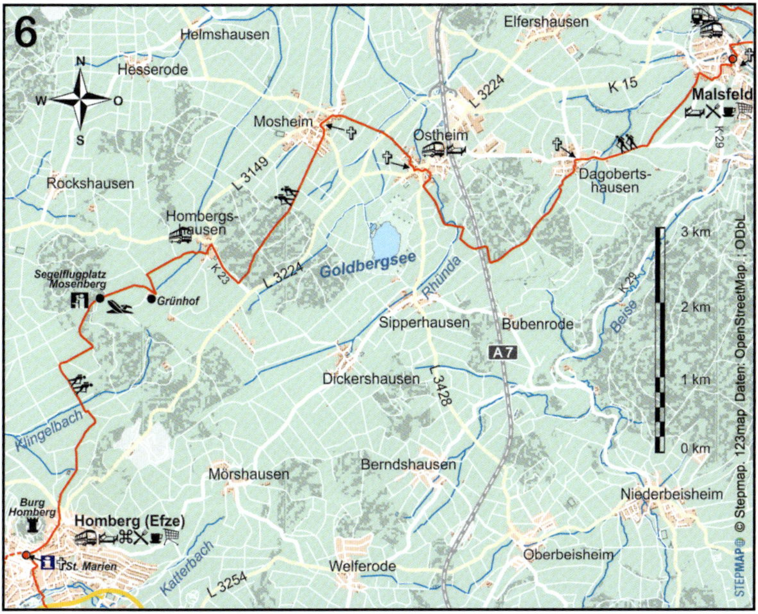

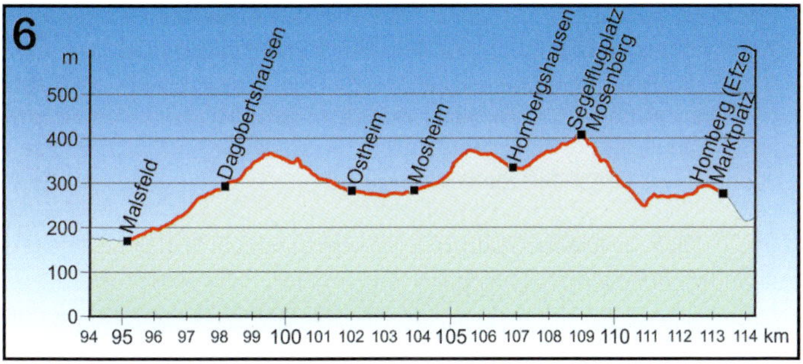

Ein asphaltierter Wirtschaftsweg bringt Sie ins rund 1 km entfernte Dorf Mosheim. An der ersten Kreuzung gehen Sie nach links in die Felsberger Straße (Durchgangsstraße), die Sie zur Kirche (ab hier Kohlenstraße) bringt. Der moderne Kirchturm lässt kaum erahnen, dass die dahinter liegende Kirche Ende des 15./Anfang des 16. Jh. erbaut wurde.

Knapp 200 m nach der Kirche führt die Route am Friedhof geradeaus in die Kehrenbergstraße und über einen Schotterweg geradewegs in einen Wald. Sie passieren ein hölzernes Elisabethpfad-Kreuz und folgen dem Weg geradeaus bis kurz vor die Kreisstraße 23. Hier zweigt ein nicht sofort ins Auge fallender Pfad halb links ab. Der Pfad sorgt dafür, dass Sie nicht die ganzen 500 m nach Hombergshausen auf der Kreisstraße laufen müssen.

In dem Dörfchen gehen Sie rechts in den Ruhlaufweg und zweigen kurz darauf vor einem Gehöft abermals nach rechts in einen Feldweg ein. Von dem Plateau schweifen die Blicke weit über fruchtbare Ackerflächen, saftige Wiesen und kleine Waldstücke bis hin zu den Höhenzügen des Naturparks Meißner-Kaufunger Wald. Der Feldweg mündet in einen Wirtschaftsweg, auf den Sie nach links zum abseits gelegenen Grünhof abbiegen. Direkt vor dem Anwesen halten Sie sich rechts und passieren den angrenzenden Flugplatz Mosenberg. In Höhe eines Hangars führt der Weg rechts hinunter in das gleichnamige Naturschutzgebiet. An der kurz darauf folgenden Weggabelung halten Sie sich rechts und steigen den kräftig bergab führenden Schotterweg hinunter. Dabei können Sie eine herrliche Aussicht über die Schwalmebene mit der auf einem Bergkegel thronenden Burg Homberg genießen.

Liegt der Berghang hinter Ihnen, biegen Sie an der nächsten Kreuzung (ca. 500 m) nach links auf einen Feldweg ein. Nach dem Queren eines Gehölzsaumes und des Klingelbaches kreuzen Sie einen Weg nach links. Nach etwa 150 m macht der Weg eine Rechtskurve und wenig später passieren Sie das schön gelegene Homberger Freibad (✗ Pizzeria-Ristorante Pinocchio, ☏ 056 81/939 88 89, Mo bis Sa 17:00 bis 22:30, So und Feiertage zusätzlich 11:00 bis 14:00, Mi Ruhetag). Ab dem Stadtrand erreichen Sie über den Erlebrunnenweg die Hans-Staden-Allee, der Sie nach rechts (in der Verlängerung Obertorstraße) bis zum Marktplatz mit der Stadtkirche folgen.

✝ Die evangelische Stadtkirche St. Marien stammt in ihrer heutigen Form aus dem 14. Jahrhundert. Philipp der Großmütige, begeisterter Anhänger Martin Luthers, rief hier 1526 eine Synode zur Umsetzung von Luthers Reformen ein.

Homberg (Efze) ✉ 34576 ✆ 056 81

ℹ Touristinfo Homberg (Efze), Marktplatz 19, ☏ 93 91 61, info@homberg-efze.de, www.homberg-efze.de

🛏 Landgasthof Hohlebach Mühle, Ziegenhainer Straße 51, ☏ 938 24 90, info@hohlebachmuehle.de, www.landgasthof-hohlebachmuehle.de, EZ € 59, DZ € 89. Tipp: Kleines Hotel in idyllisch gelegener ehemaliger Wassermühle. Gehen

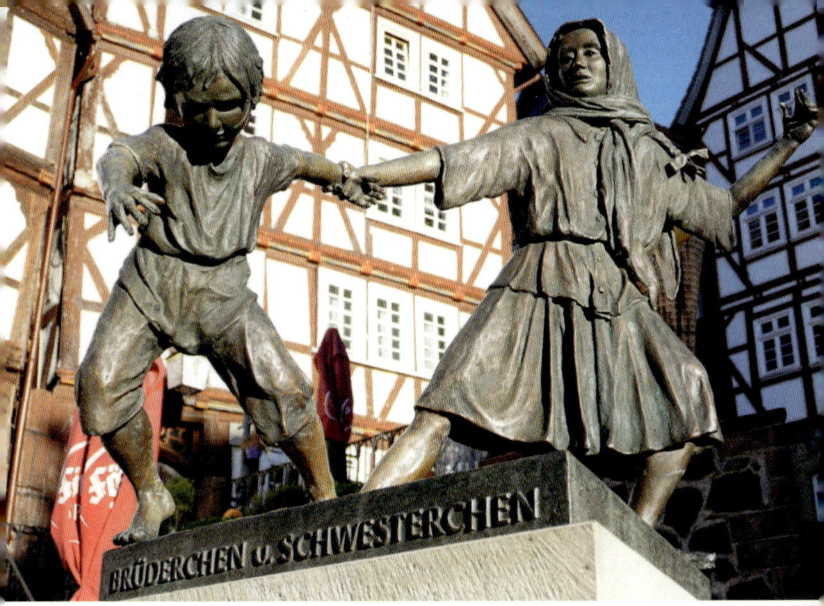

Brüderchen und Schwesterchen in Homberg (Efze)

Sie bis zum südlichen Stadtrand und folgen Sie dem Bach Efze nach rechts bis zur Ziegenhainer Straße.

♦ Hotel Felsenkeller, Kasseler Straße 18, ☏ 25 38 und 📱 01 73/275 54 71, ✉ homberg-hotel@web.de, 💻 www.felsenkeller.beep.de, EZ ab € 40, DZ ab € 65. Das Burghotel in der Holzhäuser Straße 32 hat dieselben Betreiber, die auch hier unter zuvor genannter E-Mail und Mobilnummer kontaktiert werden können. Die genannten Preise sind auch für das Burghotel gültig.

♦ Hotel-Restaurant Stadt Cassel, Wallstraße 3, ☏ 771 47 83, ✉ willkommen@stadt-cassel.de, 💻 www.stadt-cassel.de, EZ € 49, DZ ab € 84,50

♦ Pilgerherberge Lutherisches Jugendgästehaus, Bergstraße 17, ☏ 14 79, ✉ info@lutherisches-jugendgaestehaus.de, 💻 www.lutherisches-jugendgaestehaus.de, Übernachtung € 21 pro Erwachsener

🚌 Vom Busbahnhof in Homberg/Efze erreichen Sie mit der Buslinie 450 den Bahnhof in Wabern in ca. 15 Minuten. Montag bis Freitag fährt der Bus stündlich, an den Wochenenden alle 2 Stunden. Ergänzend gibt es dann aber noch Verbindungen mit dem AST (Anruf-Sammel-Taxi). Von Wabern bestehen gute Zugverbindungen. Wer nach Eisenach fahren möchte, nimmt den Bus der Linie 490 nach Melsungen oder Malsfeld, von dort über Bebra nach Eisenach. An Wochenenden wird der Bus durch das AST ersetzt.

7. Etappe: Homberg/Efze - Frielendorf

17,8 km ca. 5 Std. 207 m bis 427 m ↑ 343 m ↓ 382 m

0,0 km	270 m	Homberg (Efze) Marktplatz
6,4 km	352 m	Wildpark Knüll
13,3 km	330 m	Lenderscheid
16,1 km	260 m	Silbersee
17,8 km	232 m	Frielendorf

Am Marktplatz befinden sich unterhalb der beeindruckenden Stadtkirche die Tourist-Information der Stadt (Stadtführungen April bis Oktober Mi 10:30 und Sa 14:30) und ein Denkmal Philipps des Großmütigen, Landgraf von Hessen.

Hier trennen sich Elisabethpfad und der Weg der Jakobspilger und treffen am Silbersee kurz vor Frielendorf erneut aufeinander. Der Weg der Jakobspilger führt vom Denkmal nach rechts über den Marktplatz und durch die Orte Sondheim und Wernswig, der rund 7 km längere Elisabethpfad durch die Orte Allmuthshausen, Leuderode und Lenderscheid. Wie bei vorangegangenen Streckenabschnitten folgt der Weg der Jakobspilger dem asphaltierten Radweg, während der Elisabethpfad bis Allmuthshausen auf dem Wanderweg X2 verläuft. Die Streckenführung des Elisabethpfades ist auch hier die deutlich attraktivere.

Blick auf Homberg (Efze)

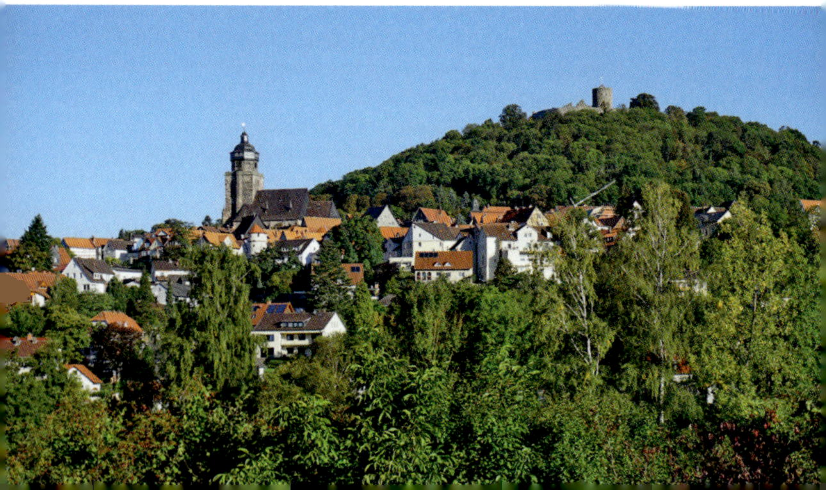

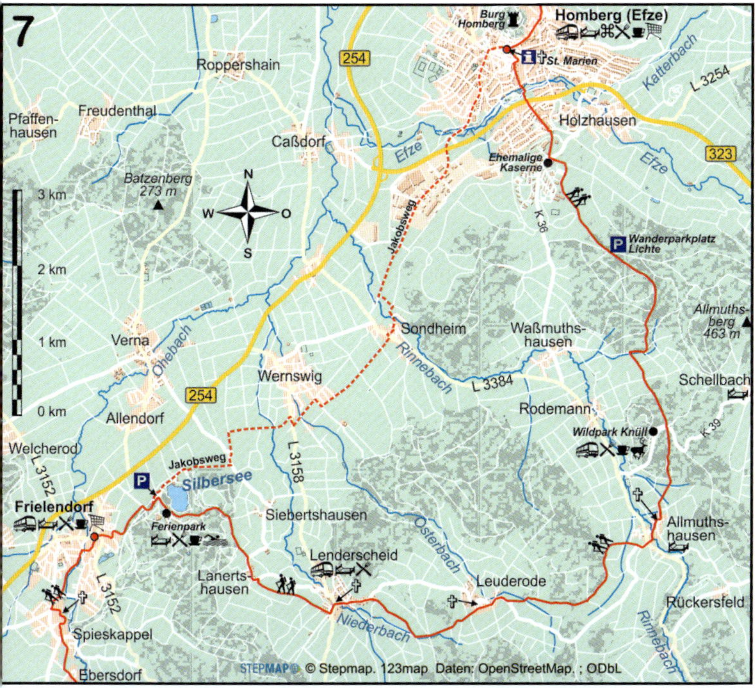

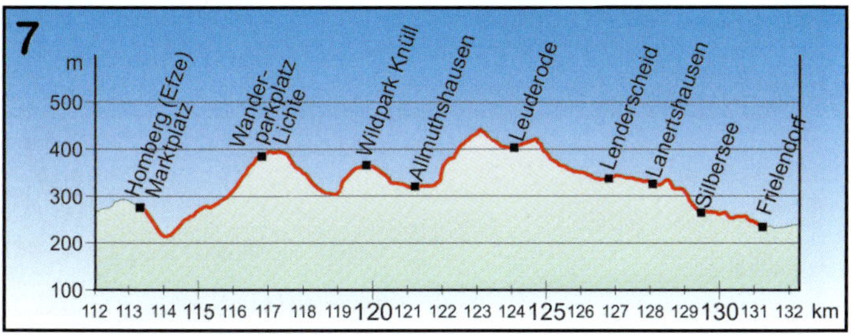

Folgen Sie dem Elisabethpfad nach links zum Gasthaus Krone. Das prächtige Fachwerkhaus stammt aus dem Jahr 1480 und beherbergt seit 1721 eine Gaststätte. Damit gilt die Krone als das älteste Gasthaus Hessens (🕒 Mi bis So 17:00 bis 22:00, So zusätzlich 11:00 bis 14:00). Die abschüssige Holzhäuser Straße bringt Sie an eine Kreuzung sowie zum Burghotel (☞ Übernachtung in Homberg /Efze). Auf der gegenüberliegenden Straßenseite steigen Sie eine Treppe zur Straße Am Mühlenberg hinab. Kurz darauf zweigen Sie nach links in den Lichteweg ab und queren eine Anwohnerstraße (Davidsweg) sowie den Bach Efze. Dann folgen Sie dem Schotterweg nach rechts und steigen zur Linken eine Treppe hinauf. Eine Fußgängerbrücke bringt Sie sicher über die Bundesstraße 323, anschließend durchqueren Sie mit der Ulmenstraße ein Wohngebiet. An dessen Ende kreuzen Sie die Bahnhofstraße und folgen dem Elisabethpfad geradeaus zu einer ehemaligen Bundeswehreinrichtung.

Überqueren Sie die Waßmuthshäuser Straße (Kreisstraße 36). Sie passieren ein paar Wohnblocks. Nach rund 250 m zweigt nach rechts ein Weg ab, dem Sie stetig leicht ansteigend bis zum Waldrand mit dem Wanderparkplatz Lichte folgen. Auf einem Forstweg wandern Sie der Markierung (zusätzlich X2) folgend für etwa 1,7 km durch ein schönes Waldgebiet.

Vorbei an einem Gebäude der Revierförsterei, ab hier haben Sie wieder Asphalt unter den Sohlen, erreichen Sie schon bald einen schönen Rastplatz mit Schutzhütte. Etwa 200 m nach dem Verlassen des Waldes, zur Rechten blicken Sie auf das Dorf Waßmuthshausen, biegen Sie nach links auf einen Feldweg Richtung Allmuthshausen ab. Ein asphaltierter Weg wird gequert, dann wandern Sie

Mr. Fox im Wildpark

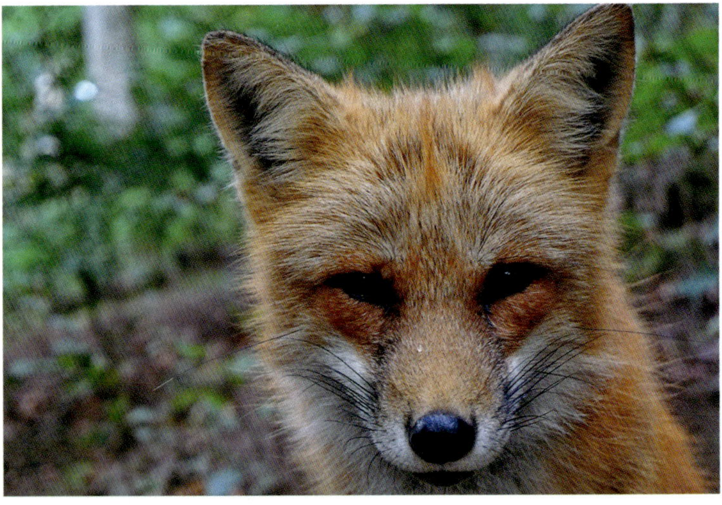

geradeaus in einen Wald. Nach rund 500 m treffen Sie auf die Kreisstraße 39, nach rechts sind es nur ein paar Schritte bis zum Eingang in den Wildpark Knüll.

Im 50 ha großen Wildpark Knüll leben 40 verschiedene Tierarten, darunter Bären, Luchse, Uhu, Wölfe und Wisente

♦ 1. April bis 31. Okt. täglich 9:00 bis 19:00, Nov. bis Jan. Sa und So 10:00 bis Dämmerung (während der hessischen Weihnachtsferien täglich), Februar und März täglich 10:00 bis Dämmerung, ☏ 056 81/28 15, www.wildpark-knuell.de, Gaststätte Jagdbaude, ☏ 056 81/939 07 35, www.jagdbaude-wildpark-knuell.de.

Wollen Sie dem Wildpark genügend Zeit widmen – dem steht nichts entgegen: Eine empfehlenswerte Übernachtungsmöglichkeit bietet sich mit dem Knüllhotel Tann-Eck im kleinen Ort Schellbach an (ca. 1,4 km), ☏ 056 81/992 10, hoteltanneck@t-online.de, www.hotel-an-der-a7.de, EZ ab € 55, DZ € 80. Als Wanderer nicht von der Domain schrecken lassen, ein paar Kilometer Abstand sind's schon noch.

Überqueren Sie die Kreisstraße und gehen Sie weiter geradeaus durch den Wald. Liegt dieser hinter Ihnen, erreichen Sie über einen asphaltierten Weg Allmuthshausen. Am Ortseingang nimmt Sie der Wanderweg (die Straße heißt tatsächlich so) in Empfang und geleitet Sie zur Kirche.

Landgasthof Hepe, 34576 Allmuthshausen, Im Seckenhain 3, ☏ 056 81/27 32, karsten.hepe@gmail.com, www.jagdbaude-wildpark-knuell.de

✞ Die ältesten Teile der Kirche stammen sehr wahrscheinlich aus dem 12. Jahrhundert. Interessant ist eine unter der Kirche befindliche Grotte, deren ehemalige Funktion unklar ist. Pilger können sich in der Kirche mit Getränken versorgen und wer ein „stilles Örtchen" oder gar eine Dusche benötigt, findet auf einem Schild entsprechende Hinweise.

Bleiben Sie dem Wanderweg durch den Ort bis zum Zusammentreffen mit dem Rinnebach treu. Dort wechseln Sie auf den Erlenweg. Nach ca. 100 m überqueren Sie den Bach nach rechts zur Durchgangsstraße (Grundstraße) und gelangen auf deren gegenüberliegender Seite auf die Leuderoder Straße und damit aus dem Ort. Die Straße beschreibt eine Doppelkurve. In der zweiten Kurve wechseln Sie auf einen asphaltierten Wirtschaftsweg. Nach knapp 400 m biegen Sie links ab und halten sich kurz darauf am Waldrand abermals links. Der Weg führt bis Leuderode beständig am Waldrand entlang.

In Leuderode folgen Sie zunächst der Heinrich-Ruppel-Straße (Durchgangsstraße), verlassen diese dann in einer Rechtskurve und wechseln nach links in die Torackerstraße. Wollen Sie der Kirche einen Besuch abstatten, so machen Sie einen kurzen Schlenker nach rechts über die Lindenstraße.

✞ Die ursprüngliche Kirche stammt aus der Mitte des 13. Jh., zum Ende des 18. Jh. wurde sie umfangreich umgebaut und verändert.

Sie verlassen den Ort kurz darauf und nehmen Kurs auf den nahen Waldrand. Bis Lenderscheid folgen Sie einem asphaltierten Wirtschaftsweg und im Ort der Straße Struth (in der Verlängerung Am Schwimmbad) bis zur Einmündung in die Straße Zur Knüllhöhe und damit zur Kirche sowie zur Gaststätte Orth.

✕ Gaststätte Orth, ☏ 056 84/347, 💻 www.speisegaststaette-orth.de, 🚪 11:00 bis 14:00 und ab 17:00, Di Ruhetag. In der siebten Generation geführtes traditionsreiches Haus!

Wechseln Sie die Straßenseite, gehen Sie nach links und biegen Sie am Ende des Fußweges rechts in die Straße Am Lerchenberg ab. Nach gut 100 m haben Sie Lenderscheid verlassen und erreichen auf einem Feld- und Wiesenweg mit schönem Blick nach Homberg/Efze das Dörfchen Lanertshausen. Am Ende des Dorfes biegen Sie halb links auf einen Feldweg ab und folgen dem Weg in einen Wald. Nach etwa 220 m kommt die erste von zwei dicht aufeinander folgenden Weggabelungen; halten Sie sich jeweils links. Sie erreichen den Silbersee und den gleichnamigen Ferienpark. Die Route führt über einen Parkplatz vorbei an der Rezeption des Parks sowie dem

✕ Wirtshaus Silberseealm (☏ 056 84/70 00, 💻 www.silbersee-alm.de,
🚪 Mo bis Mi geschlossen, Do 17:00-21:00, Fr 14:00-21:00, Sa und So 10:00-21:00)

🛏 Hotel Silbersee, ☏ 056 84/15 03, ✉ info@hotel-silbersee.de,
💻 www.hotel-silbersee.de, EZ ab € 50, DZ ab € 70

Folgen Sie zunächst ein kurzes Stück der Zufahrtsstraße, dann nehmen Sie die links hinabführende Treppe und stoßen auf einen Parkplatz sowie auf die nach Frielendorf führende Zufahrtsstraße. Hier trifft der Weg der Jakobspilger wieder auf den Elisabethpfad, halten Sie sich links.

Biegen Sie hinter der Eisenbahnbrücke nach links auf einen Fußweg in Richtung Frielendorf Ortsmitte ab. An der ersten Kreuzung am Ortsrand gehen Sie links und biegen an der nächsten Kreuzung in die Kohlenstraße nach rechts ein.

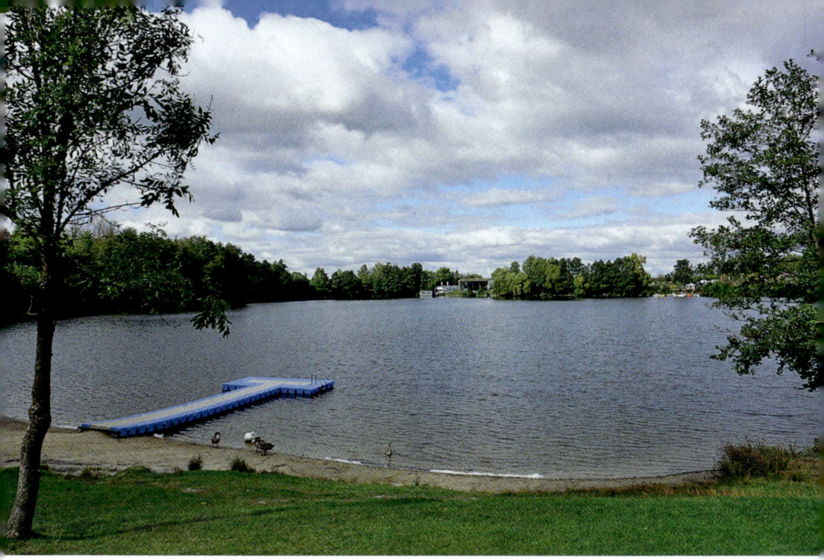

Silbersee vor Frielendorf

✕ Ein paar Schritte nach links bietet das Gasthaus Zum Zechentor Einkehr, ☏ 056 84/931 40 08, 💻 www.zumzechentor.de, 🚪 Mo 10:00 bis 13:00, Di bis Fr zusätzlich 16:00 bis 23:00, Sa 10:00 bis 23:00, So 10:00 bis 13:00 und 17:00 bis 23:00

An der nächsten T-Kreuzung biegen Sie rechts in die Neue Bahnhofstraße ein und zweigen nach nur wenigen Metern links in die Straße Hinter den Höfen ab. Geradeaus gelangen Sie zur Hauptstraße mit Geschäften, Banken und dem Hotel am Ende der Hauptstraße.

Frielendorf ✉ 34621 ✆ 056 84

- i: 💻 www.frielendorfaktiv.de
- 🛏 Hotel-Restaurant Hassia, Hauptstraße 5, ☏ 341, ✉ info@hotel-hassia.de, 💻 www.hotel-hassia.de, EZ ab € 43, DZ ab € 58
- ♦ Pilgerherberge im ev. Gemeindezentrum „Dietrich-Bonhoeffer-Haus“, Hinter den Höfen 6, Ansprechpartnerin: Frau Miller, ☏ 345 98 54, Schlafsäcke erforderlich!
- 🚌 Montag bis Freitag verbindet die Buslinie 490 6 x täglich Frielendorf mit dem Bahnhof in Melsungen. Von dort bestehen zahlreiche Verbindungen; nach Eisenach mit Umsteigen in Bebra, Fahrzeit gut 2 Std. Die wenigen an den Wochenenden zur Verfügung stehenden Verbindungen sind umständlich, Fahrzeiten von mehr als 4 Std. und mehrfaches Umsteigen müssen eingeplant werden.

8. Etappe: Frielendorf - Ziegenhain

13,8 km ca. 3 Std. 30 Min. ⇧ 211 m bis 354 m ↑ 131 m ↓ 151 m

0,0 km	⇧ 232 m	Frielendorf (Bus, Unterkunft, Restaurant, Café, Bank, Einkaufen)
4,2 km	⇧ 320 m	Spiesturm ⌘
8,6 km	⇧ 264 m	Schönborn (Bus)
11,2 km	⇧ 238 m	Restaurant Ziegelhütte (Unterkunft, Restaurant, Café)
13,8 km	⇧ 212 m	Ziegenhain Zentrum (Bus, Unterkunft, ⌘, Restaurant, Café, Bank, Information, Einkaufen)

Folgen Sie der Straße Hinter den Höfen. Sie passieren das Dietrich-Bonhoeffer-Haus der Kirchengemeinde und haben kurz darauf die Möglichkeit, in einem EDEKA-Markt einzukaufen. Unmittelbar nach dem Überqueren des Ohebaches führt der Weg nach links in den Kirchweg. Dem Bach folgen Sie bis zum Ortseingang von Spieskappel.

Vor einem Zimmerei-Betrieb biegen Sie links in die Klosterstraße (Durchgangsstraße) ab, kurz darauf wieder nach links in die Straße Glockenrain, die über ein Betriebsgelände zur Klosterkirche www.kloster-spieskappel.de führt. Die Werkshallen des benachbarten Betriebes werden auf deren Rückseite umgangen. Am Ende des Fußweges biegen Sie links ab, unterqueren die Bahngleise (Tunnel) und kreuzen kurz darauf die Straße Oberdorf. Ein weiterer Fußweg führt Sie durch ein Wohngebiet zum Brüningsweg, dem Sie nach rechts folgen. Nach einer sanften Steigung treffen Sie auf eine T-Kreuzung.

Pilgerherberge im ev. Pfarramt, 34621 Spieskappel, Bilderfeld 15, ☏ 056 84/421

Nach links führt die Ebersdorfer Straße am Ortsrand von Ebersdorf vorbei. Kurz hinter dem Dorf, unmittelbar vor einem einzeln stehenden Wohnhaus, gehen Sie halb rechts auf einem asphaltierten Weg weiter. Auf einer Länge von rund 600 m wandern Sie schnurstracks entlang des kleinen Warmbaches, biegen

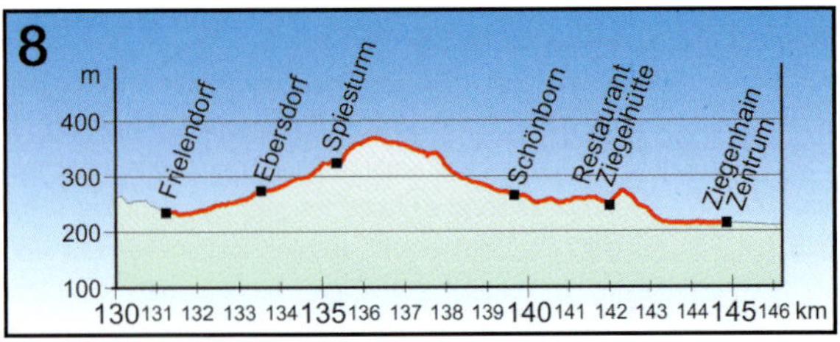

dann nach rechts und am nächsten Abzweig auf einen Wiesenweg nach links ab. Sie erreichen eine kleine Anhöhe mit einer markanten Eiche. Von hier fällt der Blick auf den Spiesturm.

Halten Sie geradewegs auf einen Wald zu, dessen Saum Sie nach links ohne erkennbaren Pfad bis zur Kreisstraße 157 (Frielendorf – Obergrenzebach) folgen. Ca. 60 m entlang der Straße, schwenken Sie dann wieder nach links in den Wald.

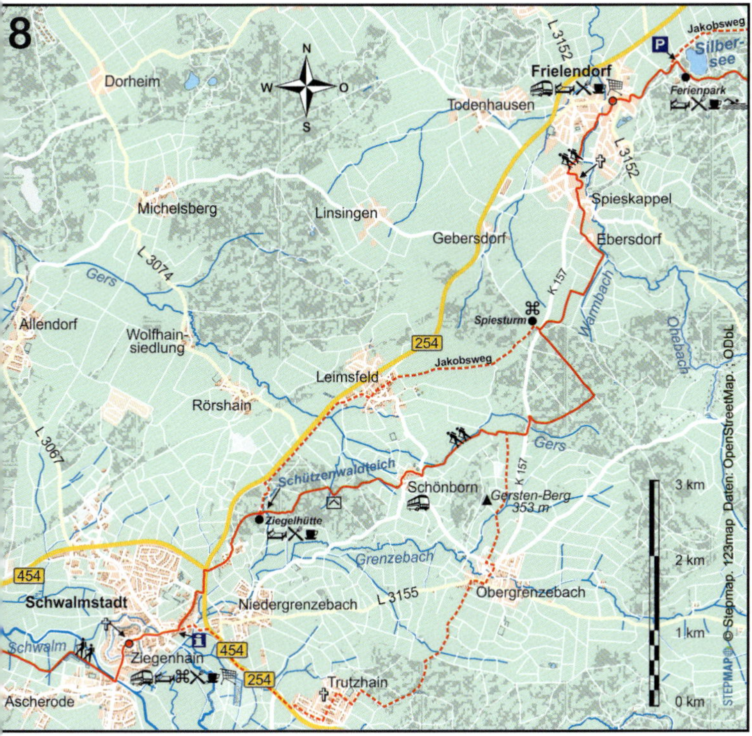

Elisabethpfad und der Weg der Jakobspilger trennen sich hier wieder. Der Elisabethpfad führt auf etwa 8 km abwechslungsreich durch Wald, Feld- und Wiesenfluren. Der Weg der Jakobspilger ist ca. 2 km kürzer, verläuft aber zu einem großen Teil auf einem Radweg entlang der Bundesstraße.

Ein sehr kurzer Abstecher auf den Weg der Jakobspilger bringt Sie zum Spiesturm, einer mittelalterlichen Grenzwarte. Einst bildete dieser Höhenzug eine Grenze innerhalb Hessens, die der hessische Landgraf Ludwig I. mittels des Turmes sichern ließ. Kurz vor dem Turm befindet sich eine Schutzhütte.

Wegmarkierung hinter Frielendorf

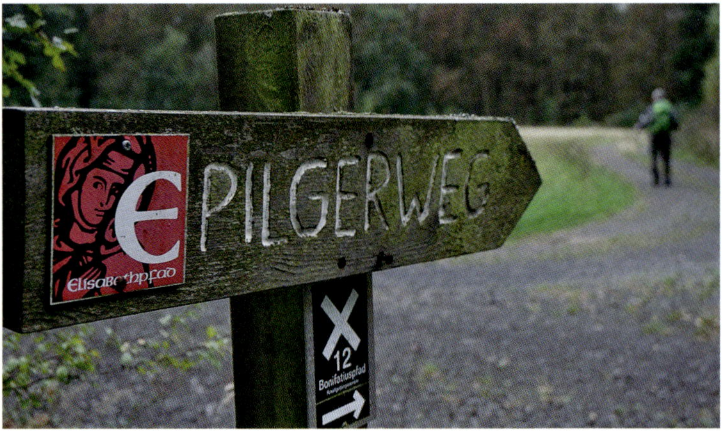

Auf den nächsten rund 1,1 km ignorieren Sie alle Abzweige und wandern auf dem leicht ansteigenden Forstweg geradewegs zu einer Lichtung. Vor der Wiese biegen Sie rechts ab.

Nach etwa 1 km treffen Sie erneut auf die Kreisstraße 157, der Sie diesmal für ca. 130 m nach links folgen. Dann verlassen Sie die Straße und nehmen den parallel verlaufenden Weg, der Sie aus dem Wald zu einem angrenzenden Weg bringt (vor Ihnen befindet sich ein Forsthaus). Diesem geschotterten Weg nach rechts folgend, stoßen Sie nach wenigen Metern auf einen Wegweiser, an dem das Elisabethpfad-Logo auch nach links in Richtung Trutzhain weist.

Mit dieser alternativen Streckenführung wandern Sie durch die Ortschaft Obergrenzebach nach Trutzhain, wo Nordhessens einzige Wallfahrtskirche Besuchern offen steht. Tolle Idee für Pilger: Im direkt angrenzenden Elisabethzelt finden Pilger eine Bleibe, bitte anmelden unter maria-hilf-trutzhain@web.de, www.maria-hilf-trutzhain.de. Entscheiden sie sich für diese Strecke, so verlängert sich die Etappe um rund 4 km. In Ziegenhain am Rathaus trifft die Alternativroute wieder auf die Hauptroute des Elisabethpfades.

Die Höhenzüge des Kellerwaldes im Blick, folgen Sie dem deutlich erkennbaren Wegeverlauf in das Dorf Schönborn. Am Friedhof halten Sie sich links und zweigen am Ortseingang rechts in die Buchholzstraße ein. Auf dieser spazieren Sie durch den Ort und biegen unmittelbar vor dem Ortsausgang nach rechts auf einen zunächst geschotterten Weg ab. Kurz darauf folgen Sie an der Weggabelung dem Feldweg nach rechts zum nahe gelegenen Waldrand.

Zum Zeitpunkt der Vor-Ort-Recherche im Oktober 2016 waren in diesem Bereich überhaupt keine Markierungen vorhanden. Dass der Elisabethpfad nicht auf den gut erkennbaren Wegen, sondern tatsächlich auf einer mannshoch zugewucherten Schneise durch den Wald führt, ist erstaunlich. Da dies aber nur eine Momentaufnahme sein kann, gehört das „Dschungelfeeling" möglicherweise auch schon wieder der Vergangenheit an.

Lang ist die beschriebene Passage nicht und so können Sie nach ca. 130 m nach rechts auf einen Schotterweg wechseln. An der folgenden T-Kreuzung halten Sie sich links und gehen an der nächsten Kreuzung nach rechts auf einem asphaltierten Weg bis zu einer Schutzhütte (ca. 120 m). Wenige Schritte nach dieser biegen Sie links und etwa 200 m darauf noch mal halb links ab.

An der Kreuzung „Dornstrauch" (knapp 300 m) führt der Elisabethpfad nach rechts zum Schützenwaldteich mit schöner Schutzhütte und dem Vereinsheim des hiesigen Schützenvereins. Der Weg der Jakobspilger trifft hier wieder auf den Elisabethpfad.

Wenn Sie kurz vor dem Teich den Trampelpfad nach rechts gehen, erreichen Sie nach etwa 100 m das Restaurant & Waldgaststätte Ziegelhütte, ☏ 066 91/32 22, www.restaurant-ziegelhuette.de, Di bis Sa 15:00 bis 24:00, So 11:30 bis 22:00. Tipp: In dem rund 200 Jahre alten Forsthaus kann man auch übernachten – es gibt genau 1 Doppelzimmer!

Ab hier wandern Sie auf Asphaltwegen nach Ziegenhain. Sie passieren das Hauptgebäude des Klinikums und folgen dessen Zufahrtsstraße bergab. Überqueren Sie die Bundesstraße 254, gehen Sie nach links und biegen Sie am Ortseingang – Sie befinden sich hier auf dem Fünftenweg – nach links in die Kasseler Straße ab. Die Kasseler Straße mündet in Höhe des historischen Rathauses in die Wiederholdstraße, der Sie nach rechts folgen. Diese geht im weiteren Verlauf in die Landgraf-Phillip-Straße über. Sie passieren den mittelalterlichen Rangenturm und gelangen zum Paradeplatz mit ev. Stadtkirche (auch Schlosskirche genannt), Schloss (heute JVA) und Tourist Information.

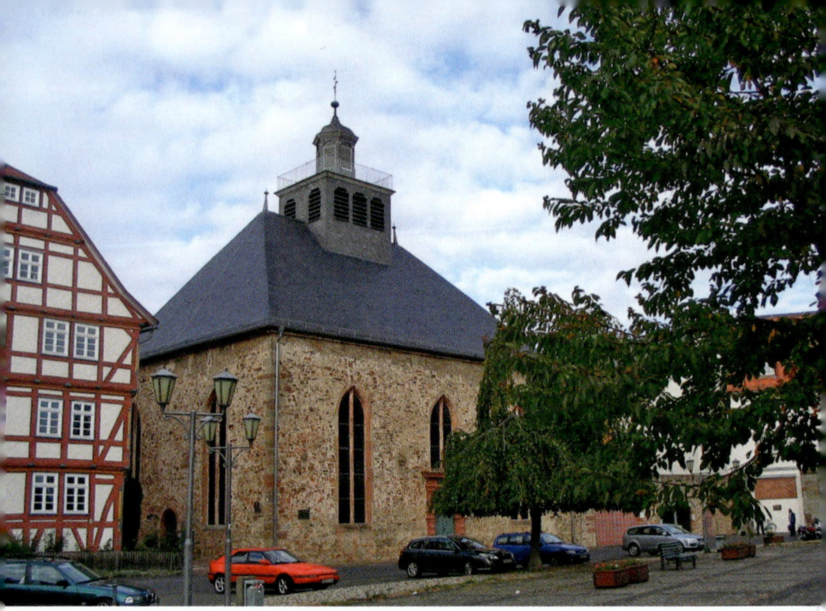

Ziegenhainer Schlosskirche

Ziegenhain

34613 066 91

- Schwalm Touristik, Wiederholdstraße 24 (Rathaus), 20 74 00, info@schwalmtouristik.de, www.schwalmtouristik.de, Mo bis Fr 9:00 bis 12:00, Mo und Di 14:00 bis 15:30, Do bis 16:00
- Hotel Restaurant Rosengarten, Muhlystraße 3, 066 91/947 00, info@hotel-rosengarten.org, www.123rosengarten.de, EZ ab € 45, DZ ab € 70. Tipp: Hervorragende Küche, aufmerksamer Service und stilvolle Atmosphäre in prächtigem Fachwerkhaus aus dem 17. Jahrhundert.
- ♦ Hotel Restaurant Hof Weidelbach, Am Weidelbach 3, 47 26, info@hof-weidelbach.de, www.hof-weidelbach.de, EZ ab € 45, DZ ab € 70
- ♦ Hotel & Restaurant Landgraf, Landgraf-Philipp-Straße 3, 40 83, www.hotel-landgraf.com, Preise müssen angefragt werden
- Der nur wenige Kilometer entfernte Bahnhof in Treysa wird von Ziegenhain aus den ganzen Tag über von verschiedenen Buslinien angefahren. Vom Bahnhof Treysa haben Sie gute Anschlüsse nach Kassel und Marburg. Nach Eisenach stehen Verbindungen über Frankfurt/M. Hbf zur Verfügung. Von Ziegenhain erreichen Sie mit den Bussen der Linie 470 direkt den Bahnhof in Bad Hersfeld, von wo aus Sie eine gute Anbindung nach Eisenach haben. Hierfür sind 2 Std. 30 Min. bis 3 Std. einzuplanen.

9. Etappe: Ziegenhain - Stadtallendorf

23,8 km ca. 6 Std. ⇧ 210 m bis 320 m ↑ 239 m ↓ 194 m

0,0 km	⇧ 212 m	Ziegenhain
4,3 km	⇧ 222 m	Treysa Bahnhof
8,2 km	⇧ 226 m	Biedenbacher Teiche
13,7 km	⇧ 257 m	Momberg
18,3 km	⇧ 294 m	Speckswinkel
23,8 km	⇧ 251 m	Stadtallendorf kath. Stadtkirche

Vom Paradeplatz führt Sie die Markierung am Hotel Rosengarten vorbei in die Festungsstraße (Verlängerung der Landgraf-Philipp-Straße). Sie passieren den historischen Wallgraben und biegen direkt nach dem Überqueren der Schwalm rechts ab auf den asphaltierten Weg entlang der Dammkrone Richtung Treysa.

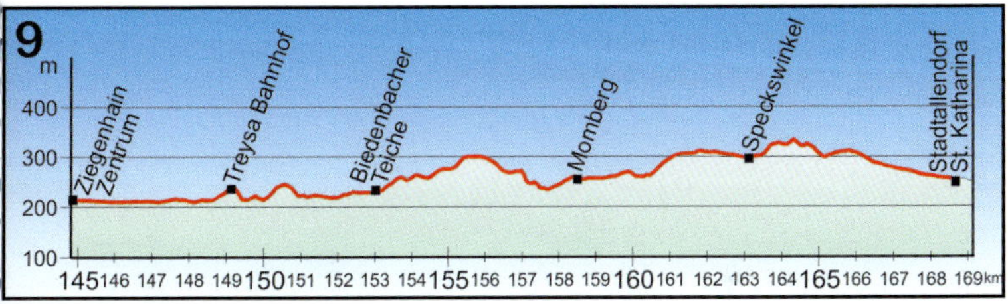

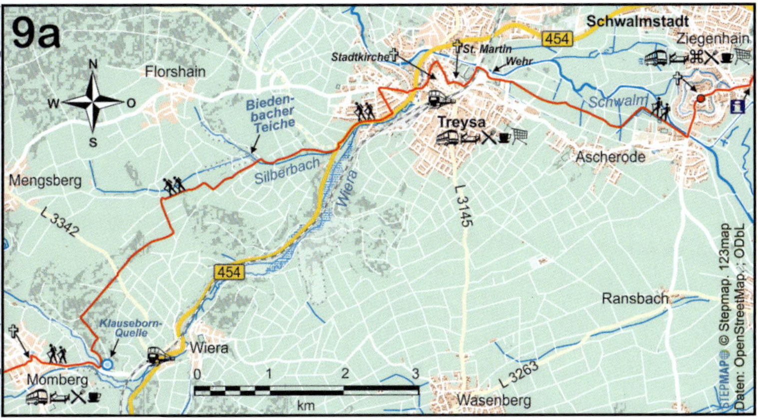

Vorbei an einem Rückhaltebecken, nehmen Sie den zweiten Abzweig nach rechts, passieren ein Umspannwerk und folgen einem nun geschotterten Weg zu einem Gewerbegebiet. Ein kurzes Stück wandern Sie noch einmal auf einem Damm entlang, um dann in Höhe eines Wehres die Straße nach rechts zu queren.

Die Markierung war im Bereich des Gewerbegebietes zum Zeitpunkt der Recherche-Tour unzureichend, in Höhe des Wehres wies ein gelber Pfeil gar in die falsche Richtung. Hier also nicht dem Damm folgen, sondern über den Zebrastreifen!

Ein kurzes Stück verläuft der Elisabethpfad neben der Straße und zweigt dann auf einen Weg ab, mit dem Sie eine Eisenbahnbrücke unterqueren. Anschließend folgen Sie der Zwalmstraße nach links bis zu einem Kreisel. Geradeaus sind es ca. 300 m bis zum Bahnhof Treysa. Der Elisabethpfad zweigt nach rechts in die Burggasse Richtung Treysaer Marktplatz ab. Sie passieren die Totenkirche, gehen über den Marktplatz durch die Altstadt und folgen der Steingasse bergab. In Höhe der Hospitalkirche gehen Sie nach links in die Wagnergasse und an deren Ende nach rechts in die Bahnhofstraße.

In der Totenkirche in Tresa

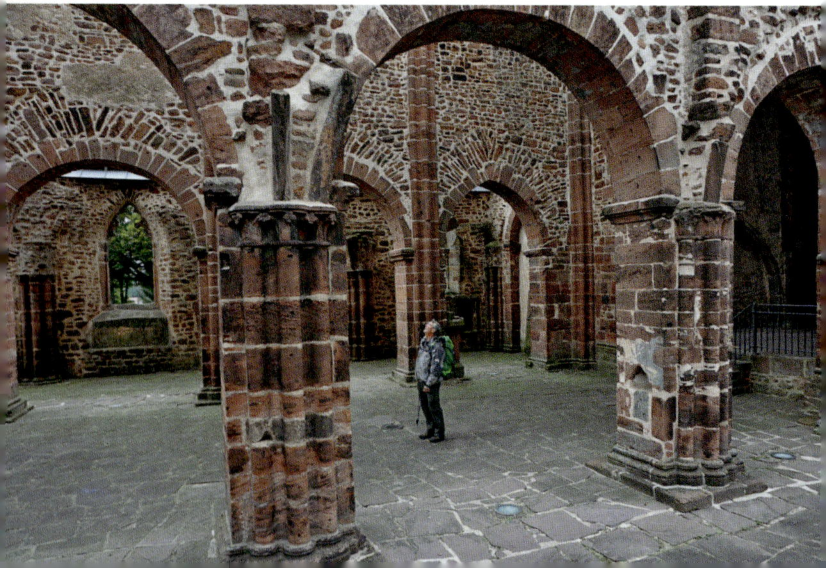

✞ Auf dem Weg durch die Altstadt umrunden Sie quasi die evangelische Stadtkirche. Die Kirche wurde Ende des 14. Jh. erbaut und gehörte ursprünglich zu einem Dominikanerkloster.

Die Totenkirche St. Martin stammt aus dem 12. Jahrhundert und diente einst als Stadtkirche. Diese Funktion übernahm aber die heutige Stadtkirche und die Kirche St. Martin wurde lediglich bei Beerdigungen genutzt. Mit der Zeit verfiel die Kirche. Seit einigen Jahrzehnten werden Sanierungsarbeiten durchgeführt.

- Altstadthotel, 34613 Treysa, Burggasse 2, ☏ 066 91/807 01 67, ✉ info@altstadthotel-treysa.de, 💻 www.altstadthotel-treysa.de, EZ € 53,50, DZ € 77, Frühstück € 8,50 pro Person
- ♦ Pilgerherberge im Diakoniezentrum Hephata, 34613 Treysa Hermann-Knauel-Str. 2, ☏ 066 91/180, ✉ rezeption@hephata.de, 💻 www.hephata.de, EZ ab € 20, DZ ab € 25 (je exkl. Frühstück)

Die Bahnhofstraße mündet in den Walkmühlenweg (Bundesstraße 454), nach deren Querung Sie in die bergan führende Sachsenhäuser Straße und dann gleich wieder nach rechts in die Franz-von-Roques-Straße einbiegen. Sie spazieren am Hessischen Diakoniezentrum Hephata entlang und treffen am Ende des Anstieges auf den Straßenabzweig Auf der Leith. Hier geht es wieder hinab zur Bundesstraße 454 (Wierastraße). Wenn Sie wollen, können Sie also auch gleich der Bundesstraße folgen. Ab Ortsausgang Treysa müssen Sie der Bundesstraße noch auf einer Länge von rund 400 m folgen – leider ohne gesicherten Fußgängerbereich!

Sobald die Gebäude zur Linken hinter Ihnen liegen, müssen Sie nach rechts auf einen Asphaltweg einbiegen. Unmittelbar vor den Biedenbacher Teichen folgen Sie einem Schotterweg nach links. Der Weg macht dicht aufeinander zwei 90°-Kurven, streift einen kurzen Waldrand und stößt an einer Baumgruppe auf einen Asphaltweg. Nach rund 500 m gerader Wegstrecke nehmen Sie den rechts abzweigenden Wiesenweg. Nach einem kleinen Waldgebiet kreuzen Sie die Landstraße 3342 und wandern auf der gegenüberliegenden Straßenseite in den Wald. Halten Sie sich auf der Straße etwa 10 m links, zu Beginn ist's nur ein schmaler Pfad durch dichtes Gewächs und möglicherweise nicht auf Anhieb auszumachen.

Nach dem kurzen Pfad wandern Sie für rund 750 m geradewegs durch den Wald, folgen der Markierung nach links und biegen nach weiteren 350 m rechts auf einen naturnahen Pfad ab. Am Ende der Gefällstrecke gelangen Sie links entlang eines Feuchtbiotops zur Klauseborn-Quelle. Das Wasser der schön gefassten Quelle kann bedenkenlos getrunken werden. Ein herrliches Fleckchen zum Rasten und sinnieren:

„Steh still an diesem reinen Quell.
Bedenk wie kurz des Lebens Zeit!
Sie rinnt dahin, flüchtig und schnell.
Wer weiss, ob kurz Dein Weg, ob weit.
Trink von dem Wasser, das ich spende.
Geniesse Deines Lebens Glück.
Gib dereinst die erschlafften Hände
In Deines Schöpfers Hand zurück!"

Auf der Kreisstraße 15 gehen Sie rechts ins nahe Momberg.

☺ Nach links führt die Kreisstraße ins ca. 1,2 km nahe Wiera. Der Ort ist Haltepunkt für den Mittelhessen-Express auf der Strecke Treysa - Marburg.

In Momberg folgen Sie der Wieraer Straße bis zu einem Teich. Biegen Sie links ab zur im neugotischen Stil errichteten Kirche. Ihr gegenüber zweigt von der Hauptstraße die Tannenbergstraße ab, über die Sie Momberg verlassen.

Landgasthof Gleim, 35279 Momberg, Mengsberger Straße 5, ☏ 066 92/62 46, info@landgasthof-gleim.de, www.landgasthof-gleim.de, Preise auf Anfrage

Zu Beginn eines Wäldchens steht eine neu errichtete, sehr schöne Schutzhütte. In Höhe eines Reitplatzes biegen Sie links ab und überqueren den Kälbach mittels einer kleinen Brücke. Gleich darauf halten Sie sich rechts und wandern für gut 100 m entlang eines Bächleins. Dem nach rechts abzweigenden Weg folgen Sie für ungefähr 50 m, dann wandern Sie nach links auf einem anfänglichen Wiesenweg vorbei an einer Feldscheune bis zur Landstraße 3071. Diese führt Sie nach Speckswinkel. An der Kreuzung (die Landstraße knickt nach links weg) weist die Markierung geradeaus in die Reformstraße.

Ein MUSS für Liebhaber selbstgemachter Kuchen: Krafts Gartencafé, Birkenstraße 4 (an der Kreuzung rechts), ☏ 066 92/15 60, Mai bis September Wochenenden und Feiertage 10:00 bis 20:00

An einer T-Kreuzung endet die Reformstraße in der Mittelstraße, über die Sie nach links zur Kirche aus dem späten 19. Jh. gehen. Von der Kirche geht es entlang der Oberstraße zurück zur Durchgangsstraße (Lindenstraße) und dieser gegenüber in die Straße Zum Krückeberg, die Sie zum Ortsausgang führt. Dort geht es nach rechts zunächst am Waldrand entlang, im weiteren Verlauf durchque-

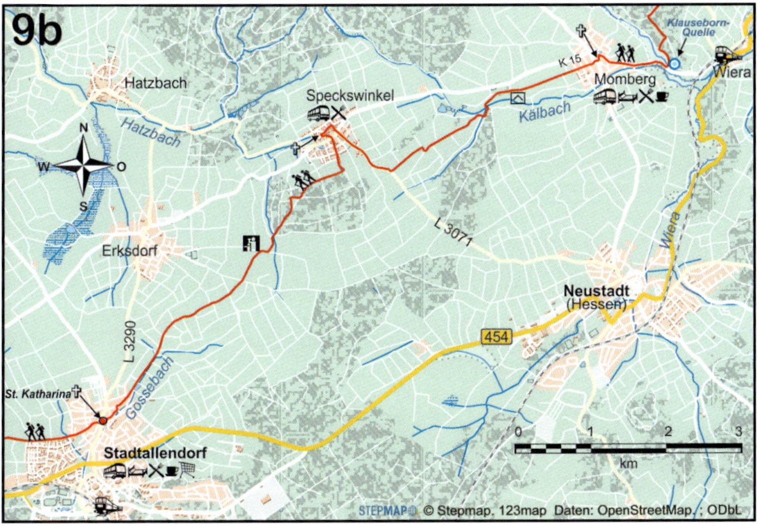

ren Sie diesen in südliche Richtung. Sobald Sie aus dem Wald heraustreten, öffnet sich eine weite, landwirtschaftlich genutzte Ebene, von der sich einige Windräder in die Höhe recken. An dem direkt vor Ihnen stehenden ersten Windrad geht es links vorbei. Sie halten sich gleich darauf rechts und biegen sogleich wieder nach links auf einen breiten geschotterten Weg ein. Sie passieren eine Apfelbaumplantage, etwas später zwei markante Eichen, kreuzen in dichter Folge zwei Asphaltwege und erreichen einen Wirtschaftsweg, dem Sie geradeaus folgen.

Die offene Landschaft ermöglicht Blicke auf Erksdorf (zur Rechten), auf das markant auf einem Bergkegel thronende Amöneburg sowie zum Höhenzug der Lahnberge mit dem Fernheizwerk.

Nach 1 knappen Kilometer gelangen Sie nach Stadtallendorf. Der Treysaer Weg bringt Sie zur Hofstraße, der Sie links zur katholischen Stadtkirche St. Katharina folgen. Von dort gehen Sie über Kirchweg und Mittelstraße zur nahen Hauptstraße, auf deren anderer Seite der Elisabethpfad entlang des Kirchhainer Weges verläuft. In das Stadtzentrum bzw. zum Bahnhof sind es rund 1,4 km. Sie biegen in die Hauptstraße nach links ein und folgen dieser über die Neustädter Straße (Bundesstraße 454) hinweg in die Bahnhofstraße, an deren Ende der Bahnhof wartet.

✝ Im 18. Jh. wurde die kath. Stadtkirche St. Katharina errichtet. Sie beherbergt einen sehenswerten Hochaltar.

Stadtallendorfer Kirche

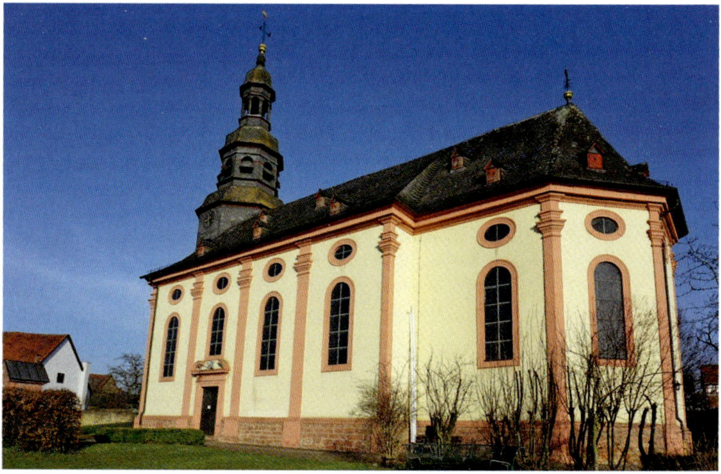

Stadtallendorf ✉ 35260 ✆ 064 28

- ℹ 💻 www.stadtallendorf.de
- 🛏 Hotel Bären Hof, Wetzlarer Straße 6, ☎ 926 70, 💻 www.hotel-baerenhof.de, EZ € 50, DZ € 85
- ♦ Hotel Milano, Niederrheinische Straße 7, ☎ 12 29, ✉ milanostadtallendorf@web.de, 💻 www.hotel-milano-stadtallendorf.de, EZ ab € 45, DZ ab € 65
- ♦ Parkhotel, Schillerstraße 1, ☎ 70 80, ✉ info@parkhotel-stadtallendorf.de, 💻 www.parkhotel-stadtallendorf.de, EZ ab € 75, DZ ab € 92
- ♦ Pension Knechtel, Elbestraße 21, ☎ 44 89 46 und 📱 01 72/676 12 66, ✉ marina_knechtel@web.de, 💻 www.haus-knechtel.de, EZ ab € 28, DZ ab € 50
- ♦ Pension Rospert, Niederrheinische Straße 9a, ☎ 92 19 43, ✉ fritzrospert@t-online.de, ab € 22. Die Pension befindet sich an der Stadthalle.
- 🚆 Vom Bahnhof Stadtallendorf zum Marburger Hauptbahnhof gibt es die gesamte Woche über zahlreiche Verbindungen (14 bis 20 Min.). Über Treysa stehen täglich auch ausreichende Verbindungen nach Kassel-Wilhemshöhe zur Verfügung. Von dort über Bebra (umsteigen) nach Eisenach, Fahrzeit etwa 3 Std. bis 3 Std. 30 Min.

10. Etappe: Stadtallendorf - Amöneburg

12,3 km ca. 3 Std. 15 Min. ⇧ 193 m bis 351 m ↑ 201 m ↓ 116 m

0,0 km	⇧ 251 m	Stadtallendorf kath. Stadtkirche
4,5 km	⇧ 257 m	Langenstein
7,7 km	⇧ 207 m	Kirchhain Bahnhof
12,3 km	⇧ 351 m	Amöneburg ⌘

Von der katholischen Stadtkirche St. Katharina spazieren Sie zur nahen Hauptstraße, die Sie zum Kirchhainer Weg hin überqueren. Der Elisabethpfad folgt dieser Straße auf der gesamten Länge bis zum Ortsausgang von Stadtallendorf. Dem bequem zu wandernden Feldweg bleiben Sie bis Langenstein treu. Am Sportplatz treffen Sie auf die Kreisstraße 15, die Sie links nach Langenstein bringt. An der Kreuzung kurz nach dem Ortseingang gehen Sie rechts die Straße Am langen Stein hinauf. Direkt hinter dem Gemeindehaus führt der Weg zur Jakobskirche, die auf einem schmalen Pfad entlang der Kirchenmauer halb umrundet wird.

✝ Die mehrfach umgebaute Kirche besitzt ein ungewöhnliches Gewölbe im Chorraum. Vor wenigen Jahren erst wurden alte Wandgemälde entdeckt.

Der Pfad mündet in die Hintergasse, von der Sie nach wenigen Metern in die Straße Stiegelsberg wechseln. Wenig später folgen Sie dem Straßenverlauf scharf links und biegen rechts in die Straße Am Burgsgraben ab. Mit Blick auf Amöneburg und Kirchhain verlassen Sie Langenstein. Sie queren zwei Wege und treffen nach rund 500 m an eine Kreuzung, an der Sie sich zunächst links halten, gleich darauf aber wieder nach rechts abbiegen.

Sie wandern an Obstbäumen vorbei zu einer Kreuzung, gehen nach links, um sogleich über einen kombinierten Fuß-/Radweg rechts die Magdeburger Straße in Kirchhain zu erreichen. Folgen Sie der nach links abzweigenden Erfurter Straße bis zu einer auffällig großflächigen Kreuzung. Von hier führt ein Fußweg links zur Eisenbahnstraße, auf die Sie nach rechts einschwenken.

Sie passieren einen REWE-Markt und folgen dem Elisabethpfad über die Bahngleise (über die Brücke verläuft die Hindenburgstraße). Dort lädt Sie die katholische Elisabethkirche zu einem Besuch ein, bevor sich Ihre Wanderung gegenüber auf der Brückenstraße zum nahen Bahnhof fortsetzt.

✝ Die kath. Elisabethkirche wurde im 2. Weltkrieg zerstört und nach dessen Ende wieder aufgebaut.

Über der Stadt thront die in der zweiten Hälfte des 14. Jh. erbaute ev. Stadtkirche.

Kirchhain

35274 ✆ 064 22

- www.kirchhain.de
- Hotel Kirchhainer Hof, Brießelstraße 14, ☏ 89 86 70, buchung@kirchhainer-hof.de, www.kirchhainer-hof.de, EZ € 59, DZ € 90
- Hotel Hessischer Hof, Borngasse 10-12, ☏ 930 30, webmaster@hotelhessischerhof.de, www.hotelhessischerhof.de, EZ € 54, DZ € 90
- Hotel Gasthaus Zur Sonne, Borngasse 13, ☏ 941 80, buchung@zur-sonnekirchhain.de, www.zur-sonne-kirchhain.de, EZ € 60, DZ € 85
- Gasthof Zum Stern, Gänseburg 2, ☏ 26 31, EZ ab € 34, DZ ab € 58

Fenster in der evangelischen Stadtkirche in Kirchhain

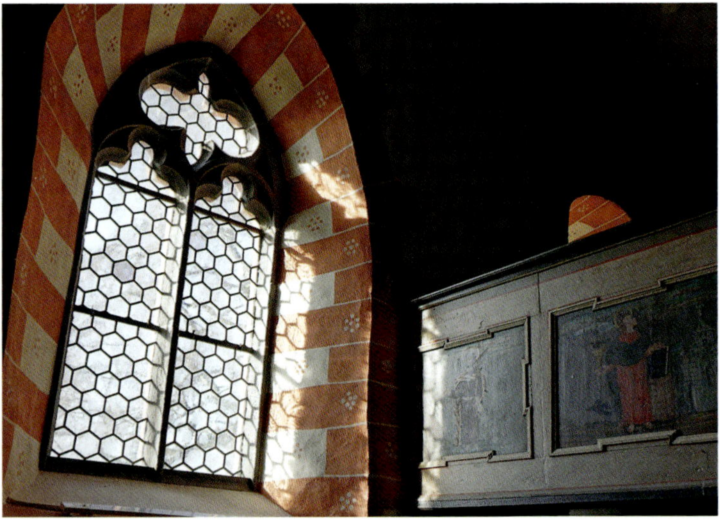

In Höhe des Bahnhofes wenden Sie sich nach links in die Bahnhofstraße (Fußgängerzone). An deren Ende wird die Brießelstraße hin zum historischen Rathaus und Marktplatz gequert. Der Straße folgen Sie nur ein paar Schritte, dann biegen

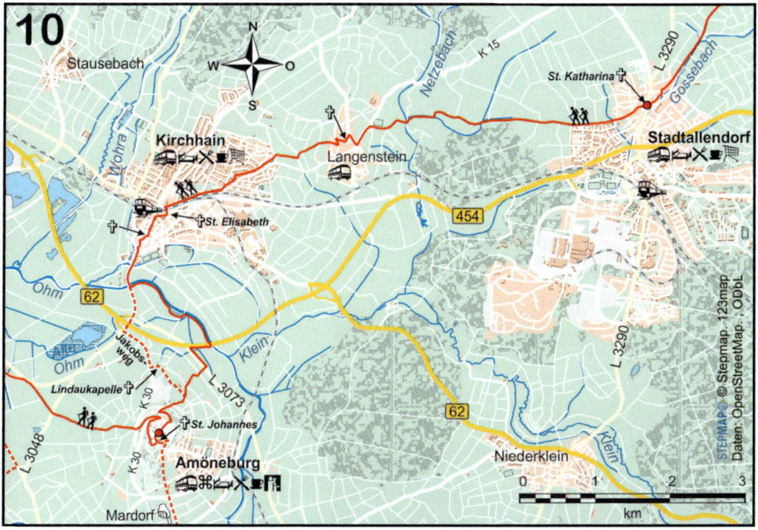

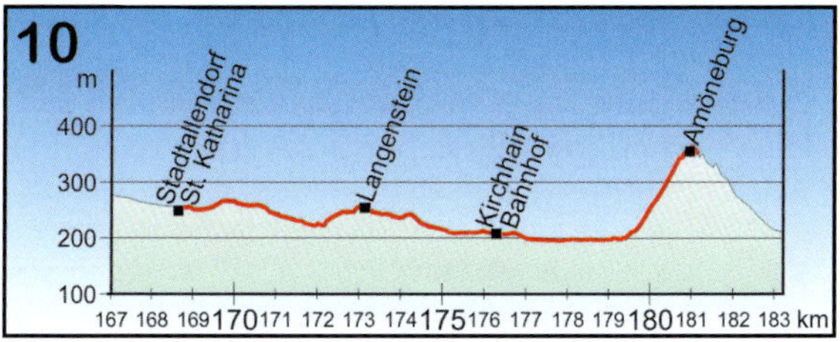

Sie schräg gegenüber dem Rathaus in eine schmale Gasse ein. An deren Ende wenden Sie sich nach links und steigen über einige Stufen zur herrlich gelegenen evangelischen Stadtkirche hinauf. Ihr gegenüber geht es ebenso über Stufen wieder hinab. Vom Fußweg in die Straße Gänseburg passieren Sie hier den Gasthof Zum Stern und verlassen mit der Straße Am Amöneburger Tor Kirchhain. Nach dem Überqueren des Flüsschens Ohm schwenken Sie nach der Brücke sogleich links auf einen Feldweg ab.

☺ Der Weg der Jakobspilger führt nach der Ohmbrücke geradeaus weiter, vorbei an der 1868 fertiggestellten Lindaukapelle. Nach ca. 2 km trifft der Weg unterhalb von Amöneburg wieder auf den Elisabethpfad.

Auf den nächsten 1,5 km bis zur Bundesstraße 62 leistet Ihnen die Ohm Gesellschaft. Nach dem Unterqueren der Bundesstraße setzen Sie Ihren Weg nach rechts zur nahen Landstraße 3073 fort, der Sie für etwa 350 m nach links folgen, um sie dann zu überqueren.

☝ Die stark befahrene Straße verleitet wohl aufgrund ihres Ausbaues so einige Autofahrer zu eher höheren Geschwindigkeiten. Höchste Vorsicht beim Überqueren!

Aufstieg nach Amöneburg

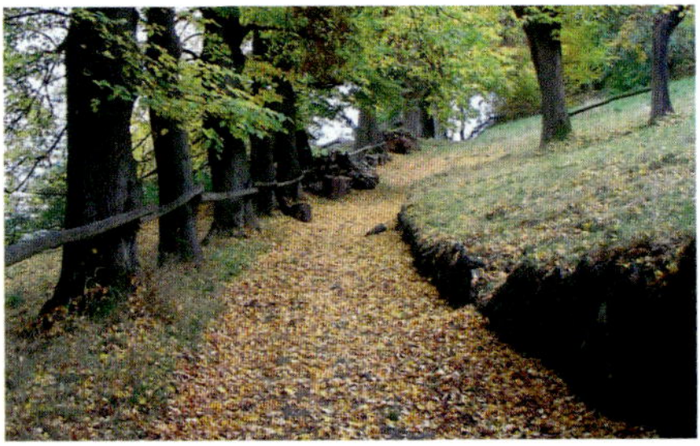

Der ansteigende Weg führt direkt nach Amöneburg. Etwa auf der Hälfte des Anstieges queren Sie eine schmale Straße und gehen in Höhe eines vereinzelten Hauses in die Straße Am Tiergarten. Sie treffen auf ein paar Felsen, davor eine prächtige Linde sowie ein Bildstock; gegenüber führt ein schmaler Pfad Sie steil bergauf.

Amöneburg ✉ 35287 ✆ 06422

- 🛈 www.amoeneburg.de
- 🛏 Hotel-Restaurant Dombäcker, Am Markt 18, ☎ 940 90, ✉ dombaecker@web.de, www.dombaecker.de, Übernachtungspreise auf Anfrage
- ♦ Hotel Weber, Am Markt 16, ☎ 942 30, ✉ rezeption@hotel-weber.de, www.hotel-weber.de, EZ ab € 65, DZ ab € 102
- ♦ Gästehaus Kliem, Am Markt 14, ☎ 24 03, www.gaestehaus-kliem-amoeneburg.de, EZ € 35, DZ € 65
- ♦ Ruheoase Amöneburg, Tränkgasse 8, ☎ 925 99 90, ✉ ruheoase-jutta@web.de, www.ruheoase-amoeneburg.de, Übernachtungspreise auf Anfrage
- ♦ Pilgerherberge im JohannesHaus (neben der Kirche), ☎ 28 82, ab € 12
- 🚌 Die Buslinie 382 verbindet Amöneburg mit dem Kirchhainer Bahnhof, von dort haben Sie Anschluss nach Marburg und Kassel. Montag bis Freitag stehen ausreichend Verbindungen zur Verfügung, am Samstagnachmittag und ganztägig am Sonntag wird der Bus durch ein Anruf-Sammel-Taxi ersetzt.

In Amöneburg kreuzen Sie die Dr.-Max-Ehrenpfordt-Straße (Durchgangsstraße) zur Metzgergasse, dem Zubringer zum Marktplatz. Geradewegs entlang des

Marktplatzes gelangen Sie in die Burggasse, passieren die Bonifatius-Halle und erreichen die katholische St. Johannes Kirche (erbaut 1865 bis 1871) in direkter Nachbarschaft zur Schlossruine.

Kirche in Amöneburg

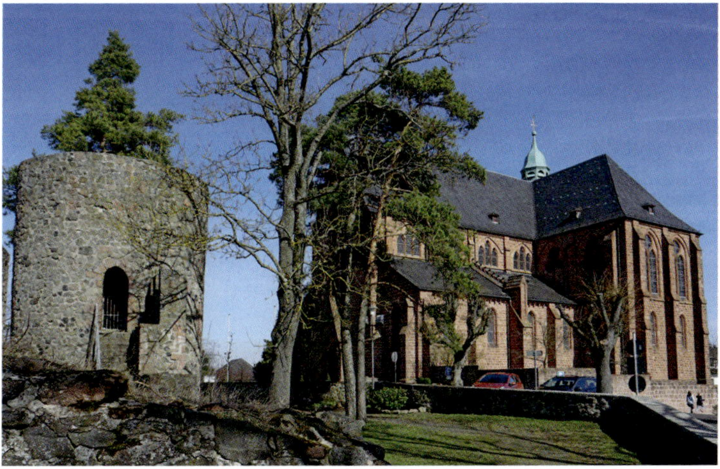

♜ Das Schloss Amöneburg war Verwaltungssitz der Mainzer Bischöfe. Von jeher war der Bergkegel von großer strategischer Bedeutung, sodass er bereits Jahrhunderte vor Christus aufwändig gesichert wurde. Auch für den Missionar Bonifatius war das Gemäuer ein willkommenes Domizil. Der Ausbau des Schlosses wurde kontinuierlich so weit vorangetrieben, bis im 12. Jahrhundert schließlich eine beachtliche Burganlage mit Ringmauer, Türmen und Toren entstanden war. Die Festung diente den Mainzer Erzbischöfen auch als aktive Militärbasis. Im Dreißigjährigen Krieg mehrfach heftig umkämpft, wurde die Anlage 1662 von hessischen und schwedischen Truppen zerstört. Zwar wurden in den folgenden Jahrzehnten Teile der Burg wieder aufgebaut, das endgültige Aus brachte 98 Jahre später dann aber der Siebenjährige Krieg.

Der Elisabethpfad ist hier auch nach links markiert. Dieser Abstecher führt nach Mardorf und von dort weiter nach Kleinseelheim. Die Mardorfer Kirche beherbergt Gemälde aus dem 13. Jh., die Szenen aus dem Leben der hl. Elisabeth zeigen. Diese Alternativroute ist ca. 4 km länger als die Hauptroute.

11. Etappe: Amöneburg - Marburg

15 km ca. 4 Std. 15 Min. 177 m bis 363 m 175 m 347 m

0,0 km	351 m	Amöneburg
3,6 km	204 m	Kleinseelheim
8,3 km	215 m	Schröck
9,6 km	256 m	Elisabethbrunnen
11,8 km	279 m	Marburg Stadtrand
15,0 km	186 m	Elisabethkirche BANK

In Amöneburg starten Sie an der St. Johannes Kirche und beginnen die Wanderung mit einem aussichtsreichen Spaziergang entlang der größtenteils restaurierten Stadtmauer. Beeindruckend sind die Blicke von den Magerrasen-Steilhängen des Basaltkegels in die Weiten des Ebsdorfergrundes. Überqueren Sie am Ortsausgang die Kreisstraße 30.

Eine Treppe bringt Sie zu einem Parkplatz, dem Sie, wie auch dem anschließenden Weg, bergab folgen. Sie queren die Kreisstraße 30 ein weiteres Mal und folgen dem asphaltierten Weg in Richtung Kleinseelheim. An der nächsten Weggabelung (ca. 250 m) halten Sie sich links auf einen Feldweg und queren wenig später die Landstraße 3048 geradewegs (zum Zeitpunkt der Recherche war an dieser verkehrsbedingt gefährlichen Stelle keine einzige Markierung vorhanden). Nach etwa 850 m werden am Ortseingang von Kleinseelheim Elisabethpfad-Wanderer freundlich willkommen geheißen.

www.kleinseelheim.de

Privatzimmer Bopp, 35274 Kleinseelheim Zum Sportplatz 2, 064 22/22 81, ruthbopp@web.de, ab € 18

Im Ort spazieren Sie entlang des Sandweges bis zur Bushaltestelle. Wer meint, dass Bushaltestellen zumeist unattraktive Plätze sind, sollte hier mal einen kurzen Blick wagen: Busverbindungen zu den dargestellten Orten dürften zwar unwahrscheinlich sein, sicher ist aber, dass es hier humorvolle Künstler gibt. Verlassen Sie den Sandweg unmittelbar vor der Bushaltestelle nach links in Richtung Sportplatz. Nur ein paar Meter weiter biegen Sie rechts auf den Trauweg ab und kurz darauf auf den Roten Weg nach links zur Jakobuskirche mit ihrer mächtigen Schutzmauer.

Nur wenige Meter nach der Kirche halten Sie sich an der T-Kreuzung rechts. Wieder nur ein paar Meter sind es bis zum Abzweig in die Straße Am Dorfplatz,

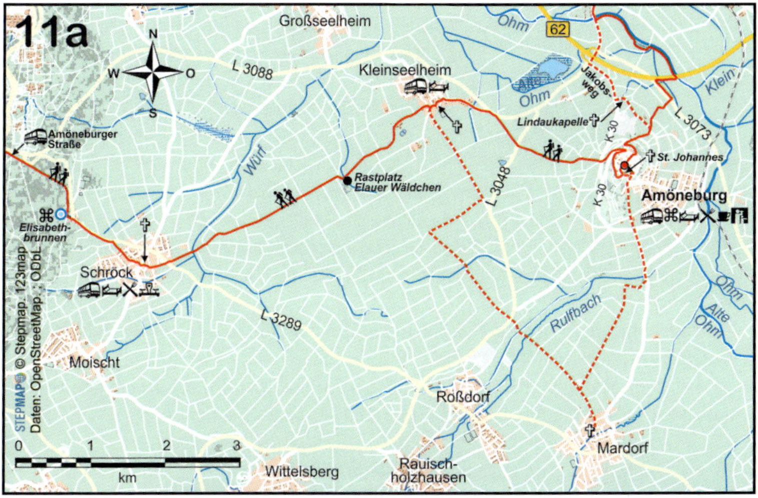

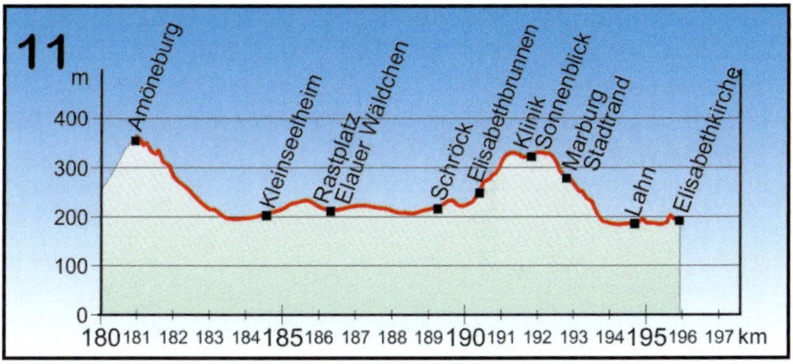

deren Verlauf Sie nach rechts folgen. Gleich darauf verlassen Sie mit der Ziegeleistraße zur Linken Kleinseelheim. An einer ehemaligen Ziegelei vorbei führt der asphaltierte Weg zwischen weiten Ackerflächen und Feldern zum winzigen Elauer Wäldchen mit einem liebevoll gestalteten Rastplatz mit Brunnen. Auf einem Feldweg schreiten Sie (fast) schnurstracks auf Schröck zu.

Den südlichen Ortsrand von Schröck erreichen sie auf der Bergerstraße. An der Durchgangsstraße (Reutergasse) gehen Sie geradeaus in die Roßdorfer Straße (Richtung Moischt) zur Kirche, über deren Eingangsportal die hl. Elisabeth und ein Bettler dargestellt sind.

- Gästehaus-Gaststätte Balzer, 35043 Schröck, Schröcker Straße 49, ☏ 064 24/926 30, info@gaststaette-balzer.de, www.gaststaette-balzer.de, EZ ab € 40, DZ ab € 62
- ♦ Privatzimmer Nahrgang, 35043 Schröck, Buchenrotsweg 15, ☏ 064 24/31 91 und 01 62/6 46 87 93, ab € 35
- ♦ Privatzimmer Gillner, 35043 Schröck, Kastanienstraße 14, ☏ 064 24/49 12, ab € 20
- ♦ Pilgerherberge im Pfarrheim, 35043 Schröck, Kolpingstraße 5, ☏ 07 00/01 00 57 57 (zentrale Rufnummer), www.katholische-kirche-schroeck.de
- Reizjörges Dorflädchen, 35043 Schröck, Schröcker Straße 42, ☏ 92 95 16, Di und Fr 9:00 bis 12:00 und Mo bis Fr 15:00 bis 19:00, Sa 9:00 bis 13:00

Gegenüber der Kirche gehen Sie in die Zelterstraße und folgen ihr bald leicht ansteigend durch den Ort, an einer Schule vorbei zum Ortsausgang. Hier führt der Elisabethpfad auf einem Rad-/Fußweg links einer Landstraße zu einigen Häusern mit dem nur wenige Schritte entfernten Elisabethbrunnen.

⌘ Die Legende besagt, dass sich die hl. Elisabeth auf ihrem Weg nach Marburg an dieser Quelle stärkte und zum Dank eine Kapelle errichten ließ. Oberhalb der Quelle stand im Mittelalter die Kapelle zum heiligen Kreuz, eine Wallfahrts-

Elisabethbrunnen

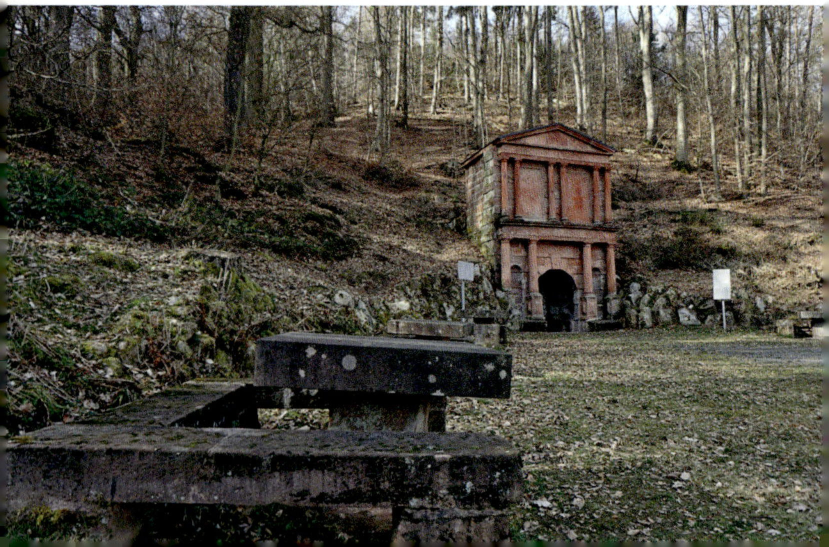

kapelle, von der heute nur noch die sanierten Grundmauern zu sehen sind. Wurden diese erst im Jahr 1925 wieder entdeckt, wurde die Quelle exakt 400 Jahre zuvor neu gefasst und mit der sehenswerten Sandsteinfassade versehen. Die gepflegte Anlage ist mit den Steinbänken und -tischen ein schöner Platz zum Verweilen.

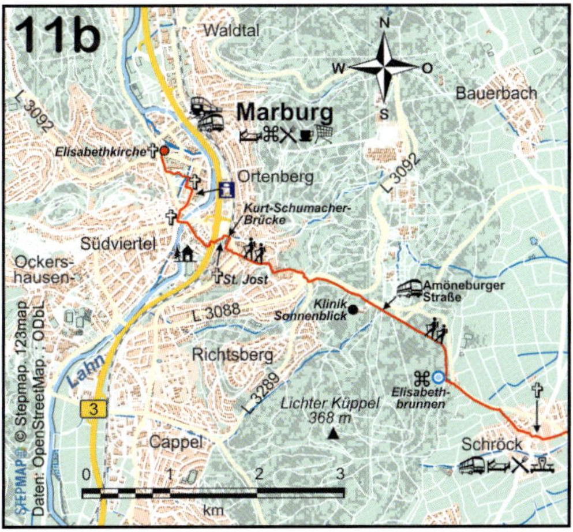

Vom Elisabethbrunnen wandern Sie durch Wald bergan auf die Lahnberge zur Klinik Sonnenblick. Kurz vor der Klinik passieren Sie die Bushaltestelle „Amöneburger Straße", an der Sie einen sehr kurzen Abstecher zur Heiligen Eiche (auch Förstereiche) machen können. Die bereits Mitte des 16. Jh. erwähnte Eiche ist heute nur noch eine ausgebrannte Baumruine. Dennoch lässt sich erahnen, wie prächtig sie einst gewesen sein muss. Sie passieren das Klinikareal und folgen der vierspurigen Landstraße zum nahen Stadtrand. Unmittelbar vor der Autobrücke folgen Sie dem links abzweigenden Fußweg, unterqueren die Brücke und biegen kurz danach rechts in den Hansenhäuserweg ein. Liegen die Gebäude auf der rechten Seite gerade hinter Ihnen, steigen Sie den schmalen Kaffweg durch ein ruhiges Wohngebiet hinab.

Der Kaffweg bringt Sie zur Weintrautstraße. Auf der gegenüberliegenden Straßenseite folgen Sie dem Hermann-Jacobsohn-Weg, biegen an der nahen T-Kreuzung rechts ab in den Spiegelslustweg und gehen über die stark frequentierte Kurt-Schumacher-Brücke. Sofort nach der Brücke biegen Sie links in die Straße Bei St. Jost ein, die Sie nach ein paar Metern zur gleichnamigen Kapelle führt. Sie queren die autobahnähnliche Bundesstraße 3. Von der Brücke haben Sie einen schönen Blick auf das Landgrafenschloss. Auf der anderen Seite schwenken Sie nach links, um rechts der Weidenhäuser Straße zu folgen. Anschließend überqueren Sie die Lahnbrücke, an deren Ende Sie der Treppe links hinunter zum Rudolphsplatz folgen. Scharf rechts gehen Sie durch die Fußgängerunterführung und gelangen in die Biegenstraße.

✞ Beim Überqueren der Lahnbrücke blicken Sie direkt auf die mächtige Universitätskirche. Zu Beginn des 14. Jh. wurde die Anlage als Universität und Dominikanerkirche errichtet.

Die Fußgängerüberwege betreffend ist es am besten, der Biegenstraße auf der linken Seite zu folgen. Sie passieren die Kinos Cineplex und Capitol sowie das Museum für Kunst und Kulturgeschichte. Gegenüber dem Erwin-Piscator-Haus (neues Kultur- und Tagungszentrum, **i** Marburg Stadt und Land Tourismus GmbH, ☞ unten) biegen Sie zwischen Hörsaalgebäude und katholischer Kirche St. Peter und Paul in die Johannes-Müller-Straße ab.

Marburg ✉ 35037 ✆ 064 21

i Tourist-Information Marburg, Biegenstraße 15 (Erwin-Piscator-Haus), ☎ 991 20, ✉ info@marburg-tourismus.de, 💻 www.marburg-tourismus.de, 🚪 Mo bis Fr 9:00 bis 18:00, Sa 10:00 bis 14:00

🛏 VILA VITA Hotel Rosenpark, Anneliese-Pohl-Allee 7-17, ☎ 600 50, ✉ info@rosenpark.com, 💻 www.rosenpark.com, EZ ab € 140, DZ ab € 180, Suite ab € 370. 5-Sterne-Hotel mit verschiedenen gastronomischen Angeboten und 1.000 m² Wellnesslandschaft.

♦ Welcome Hotel Marburg, Pilgrimstein 29, ☎ 91 80, ✉ info-mar@welcome-hotels.com, 💻 www.welcome-hotels.com/welcomehotel-marburg/, EZ ab € 94, DZ ab € 124

♦ Village Stadthotel, Bahnhofstraße 14, ☎ 68 58 80, ✉ marburg@village-hotels.de, 💻 www.village-stadthotel.de, EZ ab € 79, DZ ab € 99

♦ Hotel Marburger Hof, Elisabethstraße 12, ☎ 59 07 50, ✉ info@marburgerhof.de, www.marburgerhof.de, EZ ab € 57, DZ ab € 77

♦ Hostaria Del Castello, Markt 19, ☎ 243 02, ✉ hotel@del-castello.de, 💻 www.del-castello.de, EZ ab € 55, DZ ab € 78

♦ Hesse-Stübche, Untergasse 10, ☎ 258 87, ✉ webmaster@hessestuebche.de, 💻 www.hessestuebche.de, EZ ab € 61, DZ ab € 75

♦ Hotel und Gasthaus Zur Sonne, Markt 14, ☎ 171 90, 💻 www.zur-sonne-marburg.de, EZ ab € 48, DZ ab € 90

♦ Hotel Tusculum, Gutenbergstraße 25, ☎ 227 78, ✉ info@tusculum.de, 💻 www.tusculum.de, EZ ab € 38, DZ ab € 68

♦ Haus der Kunst, Weidenhäuser Straße 49, ☎ 138 89 und 📱 01 51/15 76 98 99, ✉ hausderkunst@t-online.de, EZ ab € 39. Im Haus direkt am Elisabethpfad befinden sich das Atelier und die Galerie der Marburger Künstlerin Annegret Henke-Reinarz.

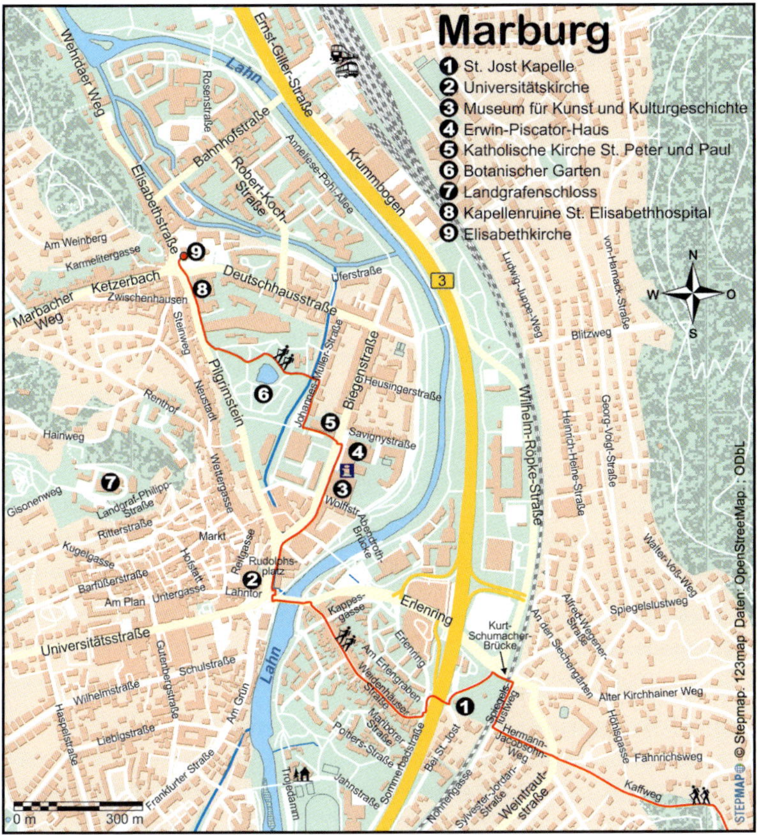

- Hotel Haus Müller, Deutschhausstraße 29, ☏ 656 59, hotelmuellermarburg@gmail.com, www.hotel-hausmueller.de, EZ ab € 29, DZ ab € 58
- Pension Bistro Plateau, Jakob-Kaiser-Straße 1, ☏ 36 06 11 und 01 60/94 61 10 06, info@bistro-plateau.de, www.bistro-plateau.de, EZ € 25, DZ € 50
- Hotel im Kornspeicher, Molkereistraße 6, ☏ 94 84 10, info@hotel-kornspeicher.de, www.hotel-kornspeicher.de, EZ ab € 75, DZ ab € 105

🛏 Pilgerwohnung der Elisabeth-Kirchengemeinde, Pfarrer Bernhard Dietrich, Schützenstraße 39, ☏ 656 83

♦ Pilgerherberge im Kulturzentrum Waggonhalle, Rudolf-Bultmann-Halle 2a, Anfragen und Anmeldungen über Kneipe Rotkehlchen (gleich nebenan), ☏ 68 12 67, täglich 11:00 bis 23:00

Vom Marburger Hauptbahnhof bietet sich Ihnen eine Fülle an Rückreisemöglichkeiten in Richtung Kassel und Frankfurt/Main. Falls erforderlich, können Sie von diesen Orten bequem auch wieder nach Eisenach weiterreisen. www.rmv.de

⌘ Im wahrsten Sinne des Wortes überragend ist das Marburger Landgrafenschloss. Vom Schloss bietet sich ein toller Blick über Marburg. Im Schloss ist das Universitätsmuseum für Kunstgeschichte untergebracht.

☏ 064 21/282 23 55 und 282 58 71, April bis Oktober Di bis So 10:00 bis 18:00, November bis März Dienstag bis Sonntag 10:00 bis 16:00, Eintrittspreis € 4 pro Erw.

✞ In der in den 1950er-Jahren erbauten katholischen St. Peter und Paul-Kirche werden Reliquien der hl. Elisabeth aufbewahrt.

Wenige Meter nach dem Haus der katholischen Studentengemeinde spazieren Sie über eine Brücke in den alten Botanischen Garten. Auf der gegenüberliegenden Seite treffen Sie auf die Straße Pilgrimstein. Rechts abgebogen streifen Sie die eher unauffällige Kapellenruine St. Elisabethhospital. Den Blick dürfte aber wohl schon die präsente Elisabethkirche auf sich ziehen – nur noch ein paar letzte Schritte, dann haben Sie das Ziel Ihrer Wanderung erreicht!

Die Elisabethkirche in Marburg

An der Stelle, wo sich heute die Elisabethkirche befindet, gründete Elisabeth von Thüringen 1228 das Hospital, in dem sie bis zu ihrem Tod 1231 als Schwester wirkte. Sie wurde in der Hospitalkapelle begraben. Nach ihrer Heiligsprechung im Jahr 1235 ließ der Deutsche Orden die Kirche über ihrer Grabstätte erbauen. Nur ein Jahr später wurden die Gebeine in einen prächtigen Schrein umgebettet, der sich noch heute in der Sakristei der Kirche befindet. Allerdings ist der Schrein seit der Reformation leer.

Der Kirchenbau wurde 48 Jahre später beendet, die Bauzeit der beiden 80 m hohen Türme betrug etwa weitere 50 Jahre. Von beeindruckender Schlichtheit ist die Architektur der ersten gotischen deutschen Hallenkirche. Die ursprünglichen Wandmalereien wurden zu Beginn des 17. Jh. fast völlig zerstört.

Beachtenswert sind der Sandstein-Altar aus dem Jahr 1290 sowie das Elisabethfenster, das Szenen aus dem Leben der Heiligen zeigt.

Paul von Hindenburg und seine Frau fanden in der Elisabethkirche ihre letzte Ruhestätte.

April bis September 9:00 bis 18:00, Oktober 10:00 bis 17:00 und November bis März 10:00 bis 16:00, Eintrittspreis € 1,50 pro Erw. Vom 1. April bis 31. Oktober werden täglich (außer Samstag) um 15:00 spezielle Kirchenführungen angeboten, Preis € 3,50 pro Erw. (inkl. Eintritt), www.elisabethkirche.de

Detail über dem Portal der Elisabethkirche

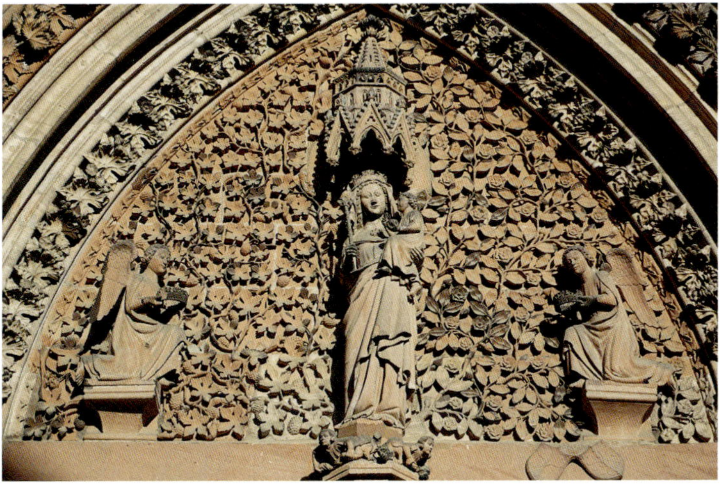

Mitte des 12. Jh. wurde Marburg erstmalig erwähnt. Es ist aber davon auszugehen, dass die Gründung des Ortes noch etwa 200 bis 300 Jahre weiter zurück reicht. Den ersten wirtschaftlichen Aufschwung erlangte die Stadt nach der Heiligsprechung Elisabeths von Thüringen. Aus vielen Ländern reisten Pilger an, um ihre Grabstätte zu besuchen.

Hauptsehenswürdigkeiten sind heute das weithin sichtbare Landgrafenschloss und natürlich die Elisabethkirche.

Die Gründung einer Burganlage an dieser Stelle geht auf das 11. Jahrhundert zurück, deren Reste sind heute zu besichtigen. Die ältesten sichtbaren Mauerwerke stammen aus dem 13. Jahrhundert.

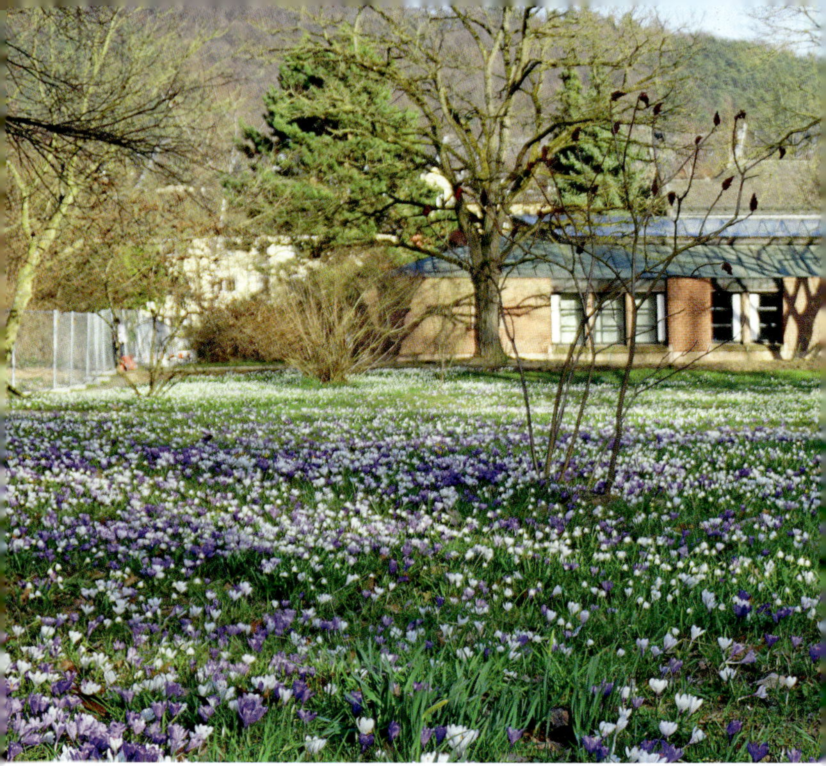

Heinrich I., Sohn von Sophie von Brabant, Enkel der hl. Elisabeth und Hessens erster Landgraf, baute das Schloss zur Residenz der hessischen Landgrafen aus. Von Landgraf Phillip dem Großmütigen wurde 1527 in Marburg die erste protestantische Universität gegründet, die sich zum wichtigsten Wirtschaftszweig Marburgs entwickelte. Nach dem Tod von Landgraf Ludwig IV., einem Sohn Phillips des Großmütigen, 1604 verlor das Schloss als Herrschersitz seine Bedeutung.

Auch heute noch ist die Universität der bedeutendste Wirtschaftsfaktor der rund 80.000 Einwohner zählenden Stadt. Die Zahl von mehr als 18.000 Studierenden unterstreicht dies eindrucksvoll.

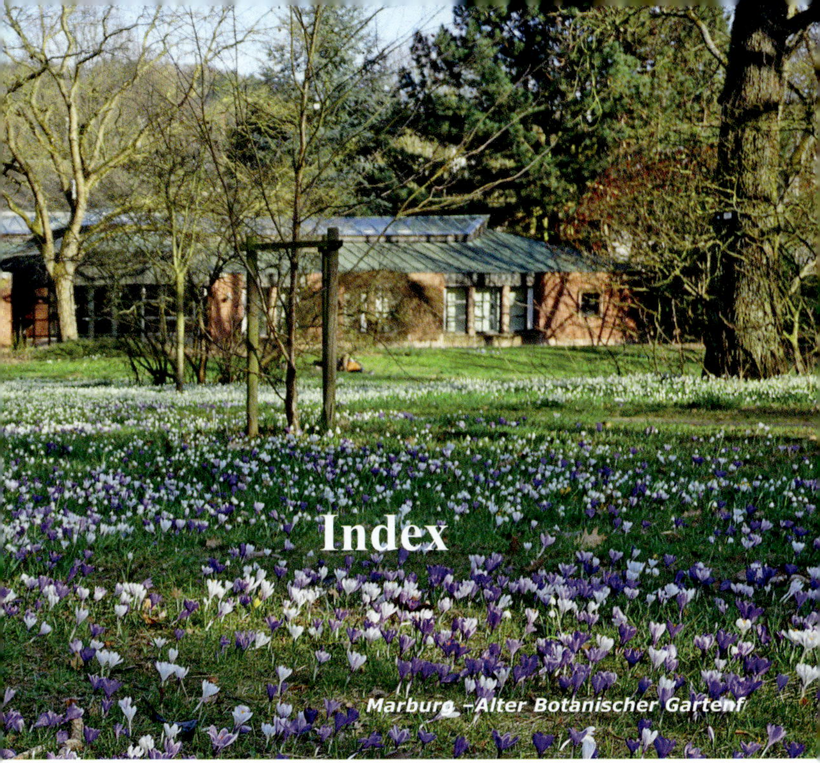

Index

Marburg – Alter Botanischer Garten